# O PODER DO BÁSICO

*O poder do básico*



1ª edição: Junho 2025



**Autor:**
Cleiton Pinheiro

**Preparação de texto:**
Flávia Araujo

**Revisão:**
3GB Comunicação
Rebeca Michelotti

**Projeto gráfico:**
Jéssica Wendy

**Capa:**
Rafael Brum

**Impressão:**
Plena Print

**DADOS INTERNACIONAIS DE CATALOGAÇÃO NA PUBLICAÇÃO (CIP)**

Pinheiro, Cleiton
O poder do básico : como simplificar seus hábitos pode transformar a sua vida / Cleiton Pinheiro.
— Porto Alegre : Citadel, 2025.
176 p.

ISBN 978-65-5047-649-6

1. Autoajuda 2. Desenvolvimento pessoal 3. Negócios I. Título

25-2404 CDD - 158.1

Angélica Ilacqua - Bibliotecária - CRB-8/7057

**Produção editorial e distribuição:**

CITADEL Grupo Editorial
contato@citadel.com.br
www.citadel.com.br

CLEITON PINHEIRO

# O PODER DO BÁSICO

Como *simplificar* seus hábitos
pode transformar a sua vida

CITADEL
Grupo Editorial
2025

# SUMÁRIO

# PREFÁCIO

Vivemos na era das promessas mirabolantes. Gente tentando encontrar a fórmula mágica, o segredo nunca revelado, o atalho para o sucesso. Mas a verdade é que quem chega mais longe é quem tem coragem e disciplina para fazer o básico, todos os dias. O que transforma a vida de alguém não é o extraordinário eventual, mas o essencial bem feito com constância.

É sobre isso que este livro fala. E ele é escrito por um especialista no assunto.

Cleiton Pinheiro trabalhou comigo por muitos anos no Instituto Destiny, foi meu braço direto e se tornou um grande amigo. Vi de perto sua trajetória. Quando o conheci, ele trabalhava na área de vendas e gestão. Trouxe sua experiência de anos, agregou, evoluiu e, com o tempo, transformou-se num respeitado mentor de empresários e escritor. Não só por entender de gestão de pessoas e liderança, mas também por se especializar naquilo que realmente dá resultado: o básico bem feito.

Cleiton é a prova de que não adianta tentar sonhar alto se você não sabe dar os primeiros passos do jeito certo, que não dá para falar em excelência sem antes dominar o simples. Como diz a Sabedoria Milenar, em Lucas 16:10: "Quem é fiel no pouco, também é fiel no muito".

Percebe? A grandeza começa no pouco, no simples, no básico.

E veja o que o rei Salomão deixou registado em Provérbios 21:5: "Os planos bem elaborados levam à fartura; mas o apressado sempre acaba na miséria".

E fazer planos bem elaborados é o quê? É o básico para quem quer vencer na jornada da vida.

Nesta obra, você vai perceber que projetos gigantes são construídos com tijolos pequenos, colocados um de cada vez, todos os dias. Não subestime o poder do básico. Pode ser exatamente o que está faltando para você dar o próximo passo e subir de nível.

Paz e prosperidade,

**– Tiago Brunet**

INTRODUÇÃO

# POR QUE O BÁSICO É O VERDADEIRO EXTRAORDINÁRIO?

Este livro é um convite para redescobrir a simplicidade que transforma vidas e negócios. Vivemos em uma sociedade que muitas vezes valoriza a complexidade e a sofisticação; é fácil esquecer que os maiores feitos começam com pequenos passos. Neste livro, vamos explorar como os fundamentos são a base de toda grande conquista e como você pode dominar o básico para alcançar o extraordinário.

Mas talvez você já esteja se perguntando: "Cleiton, o que é básico?".

Entenda isto desde o início: o básico é tudo aquilo que precisa ser feito para que algo aconteça.

Se você quer colher algo, "primeiro, precisa plantar!".

Isso significa que plantar é um princípio básico da vida; sem esse passo, não há colheita.

Da mesma forma, se você quer ter um corpo saudável, precisa se alimentar bem e se exercitar. Parece óbvio, mas muitos não se alimentam corretamente e não fazem exercícios, e isso é algo básico.

Se deseja relacionamentos fortes e duradouros, precisa investir tempo e atenção nas pessoas. O básico das conexões humanas é a presença e o diálogo, mas quantas vezes deixamos isso de lado?

Se você quer tirar uma boa nota em uma prova, precisa primeiro prestar atenção à aula e, depois, estudar com dedicação para o dia da avaliação. Isso é o básico para quem deseja alcançar bons resultados. Sem essa base, o sucesso se torna apenas uma ilusão.

O básico não é algo complexo, mas é essencial. É aquilo que, quando negligenciado, impede que qualquer resultado aconteça. Por isso, quem despreza o básico nunca chega ao extraordinário.

A verdadeira força está nos fundamentos. O básico é o que sustenta e fortalece todas as áreas da nossa vida, seja na espiritualidade, nos negócios, nos relacionamentos ou na gestão emocional. Dominar o básico é a chave para alcançar o extraordinário.

Muitas pessoas são atraídas pelo brilho do complexo e do avançado, acreditando que pular etapas as levará mais rápido ao sucesso. No entanto, essa mentalidade é um grande equívoco. Ignorar o básico é como tentar construir uma casa começando pelo telhado.

É como construir um prédio: sem uma fundação sólida, qualquer estrutura está fadada a desabar. Imagine um prédio construído sem um alicerce firme; você teria coragem de morar em um lugar assim?

Pois é, com certeza a sua resposta é não!

Por questões de prudência ou medo, você não teria coragem de morar em um prédio que não teve um alicerce, porque ele pode até estar erguido, mas não resistirá aos ventos e tempestades. Este é o ponto: um prédio sem alicerce não consegue continuar de pé diante dos desafios que vai enfrentar, e na sua vida não é diferente.

Se você não tem um alicerce, é só questão de tempo para algumas áreas da sua vida começarem a desabar. Todos passamos por desafios e por problemas, mas o que diferencia as pessoas diante dos desafios que enfrentam é o alicerce que elas construíram e que as mantém.

O segredo de um bom alicerce na vida está em fazer o que é básico, e fazendo o básico você vai alcançar resultados extraordinários.

Você deve estar se questionando neste momento: "Cleiton, por que as pessoas não fazem o básico, então, já que isso é tão importante?".

**"SE FAZER O BÁSICO FOSSE FÁCIL, TODO MUNDO FARIA."**

Eu posso garantir que fazer o básico não é algo fácil, não é algo simples e também não é algo prazeroso.

Você já se destacou por fazer o básico?

Você já recebeu parabéns por fazer algo básico?

Você já se sentiu feliz por ter realizado algo básico?

Três perguntas simples que podem esclarecer os motivos claros pelos quais as pessoas não se preocupam com o básico.

Fazer o básico não é prazeroso pela falta de reconhecimento das pessoas. Partindo do princípio de que o ser humano carrega uma necessidade de se sentir importante, torna-se difícil focar em fazer algo que ninguém valoriza.

Embora o básico pareça simples, executá-lo consistentemente é um desafio. A dificuldade está na disciplina e na paciência necessárias para repetir ações fundamentais até que elas se tornem naturais. Em uma era de gratificação instantânea, a paciência é rara, e a persistência se torna algo quase que impossível.

Fazer o básico exige um compromisso contínuo com a excelência nas pequenas coisas, que muitas vezes são negligenciadas em busca de resultados rápidos.

Para ilustrar, pense em um músico aprendendo a tocar piano. Os primeiros passos incluem escalas repetitivas e exercícios de dedos. Embora essas práticas possam parecer monótonas, elas são essenciais para desenvolver a habilidade e a agilidade necessárias para tocar peças complexas. Da mesma forma, a prática constante dos fundamentos é crucial para o domínio completo de qualquer habilidade.

A pressa em alcançar metas grandiosas sem uma base sólida leva à frustração e ao fracasso. O básico pode parecer simples, mas não é, porém a sua eficácia é inquestionável. A busca incessante por especializações e técnicas avançadas muitas vezes faz com que as pessoas negligenciem as ações fundamentais que realmente sustentam o crescimento.

Vejo todos os dias pessoas buscando especializações para poderem falar que são especialistas em algo, porém esquecem que não tem como se tornar especialista de algo sem antes saber fazer o que é básico.

"PARE DE BUSCAR ESPECIALIZAÇÕES E APRENDA A FAZER O BÁSICO."

Vamos considerar mais um exemplo, porém agora algo do dia a dia: aprender a dirigir. Antes de tentar dominar manobras complexas, é essencial entender os princípios básicos de direção, como controle do volante, uso dos pedais e observação do trânsito. Sem essas habilidades fundamentais, tentar realizar manobras avançadas pode levar a acidentes. Da mesma forma, no mundo dos negócios, antes de implementar estratégias complexas de marketing, é crucial entender seu público, saber comunicar-se de forma eficaz e manter um controle financeiro rigoroso.

Aqueles que dominam o básico experimentam uma transformação profunda. Eles desenvolvem habilidades essenciais que servem como alicerce para todas as suas realizações futuras. Fazer o básico de forma consistente nos leva a resultados extraordinários, não porque é complicado, mas porque é fundamental. A simplicidade do básico cria hábitos poderosos e duradouros que sustentam o sucesso no longo prazo.

Cleiton, parece ser contraditório quando você fala em "simplicidade do básico" e ao mesmo tempo diz que é algo difícil.

Esse é o ponto para o qual quero chamar a sua atenção. Se você já aprendeu a dirigir e faz isso há anos, dirigir se torna algo básico para você que já está acostumado e tem um carro com tecnologias que facilitam na direção. Porém, mesmo parecendo algo simples, basta ter um descuido e você corre o risco de sofrer um grave acidente.

Aos seus olhos, existem coisas na vida que são simples, mas, por não entender o quanto aquilo é importante e essencial, você acaba não realizando com a atenção necessária.

A constância é um dos segredos para você avançar e crescer na vida. No entanto, ser constante em coisas básicas não é algo que brilha aos nossos olhos. A maioria das pessoas carrega o padrão da desistência; elas não conseguem ser constantes no que fazem, e sempre contam uma história ou inventam uma desculpa para desistir do que iniciaram.

A psicologia moderna também apoia essa ideia. Estudos sobre hábitos, como os realizados pelo psicólogo James Clear, autor de *Hábitos Atômicos*, mostram que pequenas ações repetidas consistentemente levam a grandes mudanças. A construção de hábitos básicos pode transformar nossa vida ao criar um alicerce forte para o crescimento contínuo.

Imagine se você tivesse mantido a constância em várias coisas iniciadas ao longo da sua vida? Com certeza, hoje seria um especialista em alguma área e uma referência para muitas pessoas. Você com certeza estaria em um nível diferente daquele em que está hoje.

Quem domina o básico não só sobrevive, mas prospera. Essas pessoas constroem uma base sólida que sustenta todas as suas realizações. A consistência nas ações básicas cria hábitos poderosos, permitindo que elas alcancem resultados extraordinários.

Pense em um chef de cozinha renomado; antes de criar pratos sofisticados, ele dominou as técnicas básicas de corte, tempero e cozimento. Esses fundamentos são a base de suas criações complexas e de seu sucesso.

Neste livro, vamos explorar os princípios básicos que transformam vidas. Desde a espiritualidade até os negócios, dos relacionamentos à liderança, vamos descobrir como os fundamentos podem ser aplicados de maneira eficaz e consistente.

Prepare-se para uma jornada de redescoberta, em que o simples se torna extraordinário e o básico se torna a chave para o sucesso.

Vamos juntos nessa jornada iniciando pelo básico!

*Cleiton Pinheiro*

[illegible] que [illegible] considerados, a longo [illegible] [illegible]

[illegible]

[illegible] vida. [illegible]

[illegible]

[illegible]

CAPÍTULO 1

# PARE DE IGNORAR O ÓBVIO!

Você está subestimando o básico em sua vida e não está percebendo.

A correria do dia a dia nos empurra constantemente em direção ao complexo e ao avançado, muitas vezes fazendo-nos ignorar o que é simples e fundamental. Mas, por mais tentador que seja focar estratégias sofisticadas e técnicas avançadas, a verdadeira transformação e o sucesso sustentável vêm do domínio do básico. Este capítulo é um convite para você redescobrir a importância do essencial na sua vida pessoal.

Diante disso, subestimar ou ignorar o "fundamental" em nossa vida traz alguns efeitos e consequências, por isso preciso que você entenda algumas coisas importantes sobre ter o olhar certo para a sua vida.

"GRANDES FEITOS COMEÇAM NOS DETALHES. NÃO SUBESTIME O PODER DAS PEQUENAS AÇÕES."

Não temos o hábito de olhar detalhes. Não temos o hábito de olhar para pequenas coisas. Não temos o hábito de nos preocupar com as pequenas ações, porém são elas que nos levam a grandes feitos, e o não cumprimento delas nos traz consequências.

Lembro-me claramente quando entrei para trabalhar no Grupo Pão de Açúcar, em 2013. Eu estava saindo do setor moveleiro, no qual já tinha uma experiência consolidada, e ingressando no setor de alimentos. Dois mundos completamente diferentes. E, sem dúvida, meu maior desafio naquele momento era entender como a "operação de um supermercado" funcionava.

Assumi o cargo de gerente-geral, ou seja, estava dentro de um supermercado, mas em uma posição de liderança. No entanto, não estamos falando de um pequeno mercado local; era uma megaestrutura que faturava milhões por mês, com um quadro de funcionários locais que passava de cem pessoas.

Além de enfrentar um grande desafio profissional, eu também estava carregando a responsabilidade de entrar em um segmento no qual nunca havia trabalhado operacionalmente. Eu não tinha experiência prévia em operação de supermercado, nem em negócios desse tipo. E nesse momento você deve estar se questionando: "por que" eles me contrataram?

No processo seletivo, eu sempre respondia algumas perguntas com a mesma frase: "Eu não entendo de operação de supermercado, mas entendo de pessoas. Só preciso cuidar das pessoas, e elas cuidarão da operação do supermercado".

Mas o que quero destacar é algo que aconteceu no meu primeiro dia. Um diretor executivo me chamou para uma conversa particular e disse algo que me marcou profundamente. Ele falou: "Pegue todo o seu conhecimento e sua experiência e coloque-os temporariamente de lado. Precisamos que sua mente esteja o mais aberta possível nos próximos dias, para que você possa aprender o que realmente importa sobre o funcionamento de uma operação de supermercado. Depois desse período de aprendizado, você poderá combinar sua experiência com o que aprendeu aqui".

Esse foi o pedido que ele fez, e assim procurei seguir. Confesso que isso gerou uma grande expectativa sobre o que eu iria aprender nos dias seguintes. A pergunta que não saía da minha mente era: "O que eu vou aprender de tão extraordinário, a ponto de deixar toda a minha experiência de lado neste momento?".

E então o meu "treinamento extraordinário" começou...

Nos três primeiros dias, me colocaram para cortar carne no setor de carnes e aves. Explicaram-me as noções básicas e me instruíram a fazer os cortes, algo que eu nunca tinha feito antes.

No quarto dia, fui para a peixaria, onde aprendi a cortar peixe.

No sétimo dia, aprendi a cortar queijos especiais e também a fatiar muçarela e presunto na seção de frios.

Em seguida, fui responsável por abastecer as gôndolas com mercadorias na mercearia.

Em alguns setores, eu ficava três dias; em outros, um pouco mais. Porém, o que quero destacar é que me colocaram para fazer coisas simples, que, a princípio, não faziam sentido considerando o cargo que eu ocupava e o fato de que, no dia a dia, eu jamais entraria em um daqueles setores para realizar aquelas tarefas.

Mas este é o ponto: o fato de ter passado alguns dias nesses setores, realizando tarefas básicas, foi o que me fez entender como realmente funcionava a operação de um supermercado. A cada setor pelo qual eu passava e no qual aprendia algo simples, uma nova peça do quebra-cabeça de como a operação funcionava se encaixava.

"O SEGREDO DAS COISAS GRANDES ESTÁ NOS PEQUENOS DETALHES."

Se você quer entender como algo grandioso funciona, foque as pequenas partes que o compõem, pois o segredo está nos detalhes. Por isso, peço que, a partir deste momento, você olhe de forma diferente para as pequenas ações do seu dia a dia e, principalmente, para os detalhes, pois é neles que residem coisas muito importantes.

A seguir estão sete exemplos de pequenas ações com as quais deveríamos nos preocupar e não o fazemos, e a falta de foco nessas ações traz consequências sérias.

## O IMPACTO DE IGNORAR O BÁSICO

### 1. Uma noite de sono maldormida

**Efeito:** acordamos cansados, o dia se torna pesado e improdutivo, além de muitas vezes nos deixar com um nível alto de irritabilidade, potencializando o estresse.

### 2. Não beber água suficiente

**Efeito:** desidratação, que leva a dores de cabeça, falta de concentração e fadiga constante. Alguns copos de água durante o dia mudam de maneira significativa o seu desempenho.

### 3. Falta de alimentação equilibrada e adequada

**Efeito:** deficiência de nutrientes essenciais, causando baixa energia, queda na imunidade e problemas digestivos.

### 4. Não praticar atividades físicas regularmente

**Efeito:** sedentarismo, contribuindo para ganho de peso, problemas cardíacos e menor resistência física.

### 5. Negligenciar o tempo de qualidade com a família

**Efeito:** relacionamentos familiares enfraquecidos, resultando em falta de apoio emocional e conflitos frequentes.

### 6. Não estabelecer prioridades claras

**Efeito:** desorganização e sensação de sobrecarga, dificultando a realização de tarefas importantes e aumentando o estresse.

### 7. Falta de planejamento financeiro

**Efeito:** dívidas acumuladas, dificuldade de poupar e investir, resultando em insegurança financeira.

Reparou a simplicidade da ação nos exemplos mencionados, mas, principalmente, o efeito que a ausência dela carrega?

É justamente isso que quero destacar novamente, porque ações simples trazem um grande impacto em nossa vida. O problema é que, quando você se dá conta, pode ser tarde demais. Quantas vezes, por uma noite maldormida, você passou o dia seguinte irritado e isso trouxe várias consequências, como conflitos e até mesmo a perda de grandes oportunidades?

No momento em que isso ocorre, você não percebe que a irritação vem da noite maldormida; você acha que o problema está em quem o irritou ou tirou do sério.

Somos especialistas em focar o lugar errado, e por isso nem sempre é possível fazer a leitura certa do problema que estamos enfrentando.

**"O EXTRAORDINÁRIO É CONSTRUÍDO SOBRE OS ALICERCES DO SIMPLES."**

Acredito que a frase acima começa a fazer mais sentido para você neste momento, porque não adianta focar o que é extraordinário se o que é básico não está sendo realizado como realmente deveria.

A definição de insanidade é continuar fazendo as mesmas coisas e esperar resultados diferentes. Se você quer mudanças reais e duradouras na sua vida, precisa estar disposto a agir de maneira diferente. Isso começa com a atenção aos detalhes, com a mudança de hábitos e com a aplicação consistente do básico em tudo o que você faz.

Agora que entendemos a importância de mudar o foco para o essencial, vou compartilhar com você sete dicas práticas para ajudá-lo a se concentrar no que realmente importa e transformar sua vida. Essas dicas não são apenas sugestões; elas são ferramentas poderosas que, quando aplicadas, podem causar um impacto significativo em seu dia a dia.

Ao longo da vida, somos bombardeados por uma infinidade de escolhas e caminhos a seguir. Em meio a essa abundância de opções, é fácil perder o foco e esquecer o que realmente importa. Estas dicas não são apenas sugestões superficiais; elas são a base sólida que pode transformar seu cotidiano de maneira significativa. Não subestime o impacto que o simples pode ter na sua vida.

## 1. Estabeleça prioridades claras

Em um mundo onde enfrentamos constantemente tarefas e responsabilidades, é fácil se perder na confusão. Estabelecer prioridades claras não é apenas escolher o que fazer primeiro, mas, sim, definir o que realmente merece sua atenção e esforço.

**Exemplo prático:** imagine que você tem uma lista extensa de tarefas para o dia. Em vez de tentar fazer tudo de uma vez, identifique as três tarefas que mais contribuirão para seus objetivos principais e concentre-se nelas. Você verá que, ao priorizar, sua energia se direciona para o que realmente faz a diferença, evitando a sensação de sobrecarga.

Ao priorizar, você está se permitindo focar o que traz resultados. Isso não só melhora sua produtividade, mas também reduz o estresse, pois você sabe que está dedicando tempo ao que realmente importa.

## 2. Desenvolva hábitos diários

Os grandes sucessos são construídos sobre pequenos passos dados diariamente. Desenvolver hábitos diários sólidos é a maneira mais eficaz de garantir que você esteja sempre avançando em direção aos seus objetivos, mesmo que de forma gradual.

**Exemplo prático:** se você deseja melhorar sua saúde, em vez de começar com metas grandiosas, como correr uma maratona, comece com uma caminhada de vinte minutos todos os dias. Ao incorporar essa pequena atividade a sua rotina, ela se tornará parte do seu estilo de vida, preparando o terreno para conquistas maiores.

Hábitos diários funcionam como tijolos na construção de uma casa. Cada ação, por menor que pareça, contribui para o todo. E a repetição é o que solidifica esses tijolos, criando uma estrutura firme e resistente.

## 3. Cuide mais de você

Cuidar mais de você não é egoísmo; é uma necessidade. Em um mundo acelerado, em que somos constantemente desafiados e cobrados, dedicar tempo para cuidar de si mesmo é essencial para manter a energia e a clareza mental.

**Exemplo prático:** reserve quinze minutos do seu dia para algo que realmente lhe traga prazer e tranquilidade. Pode ser meditar, ler um bom livro ou simplesmente se desconectar das preocupações diárias. Esses minutos com você funcionarão como um combustível renovador, recarregando suas baterias para os desafios que estão por vir.

Cuidar de si é como manter um carro bem abastecido e com a manutenção em dia. Se você não fizer isso, eventualmente, o carro para. Da mesma forma, sem cuidar de si mesmo, você acaba se esgotando, comprometendo seu desempenho em todas as áreas da vida.

## 4. Mantenha a organização

Um ambiente organizado é um reflexo de uma mente organizada. A desordem externa muitas vezes reflete e amplifica a desordem interna, afetando sua capacidade de concentração e tomada de decisões.

**Exemplo prático:** comece seu dia organizando sua mesa de trabalho. Livre-se de papéis desnecessários, coloque as ferramentas de que você precisa ao alcance das mãos e deixe seu espaço visualmente limpo. Ao fazer isso, você cria um ambiente que favorece o foco e a produtividade.

A organização não é apenas estética; ela cria uma atmosfera de eficiência. Quando seu espaço está em ordem, você se sente mais no controle e pronto para enfrentar as tarefas do dia com clareza e determinação.

## 5. Seja consistente

A consistência é o que separa aqueles que conseguem atingir seus objetivos daqueles que não conseguem. Não adianta fazer grandes esforços esporádicos; o segredo está em manter uma prática constante, mesmo quando os resultados não aparecem de imediato.

**Exemplo prático:** se você está tentando desenvolver uma nova habilidade, como aprender um idioma, dedique-se a estudar um pouco todos os dias. Mesmo que seja apenas por dez minutos, essa prática diária acumulada ao longo do tempo trará resultados muito mais sólidos do que sessões intensas esporádicas.

A consistência constrói um ciclo de progresso contínuo. Cada dia em que você se dedica à sua meta, mesmo que seja por pouco tempo, é um passo adiante. E, com o tempo, esses pequenos passos se transformam em grandes conquistas.

## 6. Desenvolva a escuta ativa

Comunicação eficaz não é apenas falar bem, mas ouvir atentamente. A escuta ativa é a chave para construir relacionamentos fortes e evitar mal-entendidos que podem gerar conflitos desnecessários.

**Exemplo prático:** durante uma conversa, em vez de pensar na sua resposta enquanto a outra pessoa fala, foque totalmente o que está sendo dito. Depois, repita o que você entendeu, para garantir que a comunicação foi clara. Essa prática não só melhora a qualidade das suas interações, mas também fortalece a confiança e o respeito mútuo.

Ouvir ativamente é mais do que simplesmente ouvir palavras; é captar o que está por trás delas. É uma forma de mostrar à outra pessoa que você valoriza o que ela está dizendo e que está disposto a entender plenamente.

## 7. Simplifique suas metas

Metas complexas podem ser intimidantes e desmotivadoras. Simplificar suas metas e dividi-las em etapas menores e mais gerenciáveis torna o processo de alcançar objetivos muito mais acessível e menos estressante.

**Exemplo prático:** se você tem o objetivo de economizar uma quantia substancial, não se concentre apenas no valor final. Procure dividir esse objetivo em metas mensais ou semanais de economia. Cada pequena vitória ao longo do caminho vai mantê-lo motivado e no rumo certo.

Simplificar suas metas não diminui a importância delas; pelo contrário, torna-as mais realizáveis. Com cada pequena conquista, você ganha confiança e impulso para continuar avançando em direção ao seu objetivo maior.

"O BÁSICO NÃO É O FIM, MAS O COMEÇO DE TODA GRANDE CONQUISTA."

Ao longo deste capítulo, discutimos a importância de nos concentrarmos no que é essencial, no que realmente sustenta todas as outras áreas da vida. Não é à toa que o básico, muitas vezes subestimado, é o que tem o poder de transformar nossa realidade de maneira profunda e duradoura.

A partir do momento em que você reconhece o valor do básico, começa a entender que as pequenas ações do dia a dia têm o poder de moldar o seu futuro. Pense no básico como as raízes de uma árvore. Embora não estejam visíveis, são elas que sustentam toda a estrutura, permitindo que a árvore cresça, floresça e produza frutos. Se as raízes estão fracas ou negligenciadas, a árvore não sobreviverá às tempestades e, eventualmente, cairá. Da mesma forma, se você negligenciar as ações básicas, sua vida perderá estabilidade e resiliência.

O que acontece quando ignoramos o que é essencial? Quando deixamos de lado as ações simples que, se praticadas, poderiam nos levar muito mais longe? A verdade é que, ao subestimar esses elementos, estamos sabotando nossas próprias chances de sucesso. Isso pode não ser evidente de imediato, mas os efeitos se acumulam com o tempo. E quando percebemos, muitas vezes já é tarde demais.

**"O SIMPLES É PODEROSO. QUEM DOMINA O BÁSICO DOMINA A VIDA."**

Essa frase resume a essência do que discutimos até aqui. Se você deseja alcançar algo grande, precisa começar dominando o que é pequeno. Muitas vezes, buscamos soluções complexas para problemas que poderiam ser resolvidos com ações simples.

Buscamos estratégias mirabolantes sem perceber que o verdadeiro poder está em fazer bem o que é essencial.

## UM NOVO OLHAR SOBRE O QUE REALMENTE IMPORTA

Para muitos, o que é simples pode parecer sem valor. Mas, na verdade, esses fundamentos são o alicerce de tudo. Eles são como as raízes que sustentam a árvore; você pode não os ver, mas, sem eles, toda a estrutura desmorona. Esses elementos essenciais são o que sustentam, o que dá estabilidade, e, por isso, devem ser valorizados.

Quando você começa a ver o simples sob essa nova luz, percebe que ele não é algo a ser desprezado, mas, sim, algo a ser cultivado. É a partir desses elementos que todas as outras coisas se constroem. E é justamente por isso que o que é fundamental precisa ser o foco constante em sua vida.

**"NÃO SUBESTIME O PODER DE UM PEQUENO HÁBITO. ELE PODE SER O INÍCIO DE UMA GRANDE TRANSFORMAÇÃO."**

Pense em todos os exemplos que discutimos ao longo deste capítulo. O que eles têm em comum? Todos demonstram que, quando domina o essencial, você se prepara para enfrentar desafios maiores e para alcançar resultados extraordinários. Mas isso só é possível se você estiver disposto a dedicar tempo e energia ao que realmente importa, ao que é essencial.

## O impacto em longo prazo

A diferença entre aqueles que conseguem alcançar seus objetivos e aqueles que ficam pelo caminho muitas vezes está na capacidade de focar o essencial. Os primeiros entendem que não adianta buscar atalhos ou soluções rápidas; eles sabem que o verdadeiro sucesso vem da constância, da disciplina e da dedicação ao que realmente importa.

Mas como podemos garantir que estamos sempre focados no essencial? Como podemos evitar cair na armadilha de buscar o complexo e esquecer o que realmente faz a diferença? A resposta está em revisitar constantemente seus objetivos e suas ações. Pergunte a si mesmo: "Estou realmente focado no que importa? Estou dedicando tempo ao que é necessário, ou estou me distraindo com o que é supérfluo?".

**"A SIMPLICIDADE É O CAMINHO MAIS DIRETO PARA O SUCESSO."**

Quando simplifica, você clareia sua mente, elimina distrações e se concentra no que realmente importa. E é essa clareza que permite que você avance com confiança em direção aos seus objetivos.

## Transformando o básico em um estilo de vida

O básico não é apenas algo que você faz de vez em quando; ele precisa se tornar parte do seu estilo de vida. Isso significa que, todos os dias, você deve buscar a excelência nas pequenas coisas nas ações diárias que, embora possam parecer insignificantes, acumulam-se para formar um impacto poderoso.

**"O QUE VOCÊ FAZ REPETIDAMENTE DEFINE QUEM VOCÊ É. DOMINE O ESSENCIAL E VOCÊ DOMINARÁ SUA VIDA."**

Essa frase encapsula a ideia de que nossa vida é o resultado das ações que repetimos todos os dias. Se você pratica o que é necessário com excelência, sua vida refletirá essa excelência. No entanto, se negligencia o fundamental, os resultados serão medíocres.

Ao final deste capítulo, espero que você tenha uma nova compreensão da importância do básico em sua vida. Espero que tenha se sentido inspirado a olhar para suas ações diárias com uma nova perspectiva, valorizando o que é simples e essencial.

**"GRANDES REALIZAÇÕES COMEÇAM COM PEQUENOS PASSOS. E ESSES PASSOS, QUANDO DADOS COM PROPÓSITO E CONSISTÊNCIA, TÊM O PODER DE MUDAR TUDO."**

Concluímos aqui nossa discussão sobre o poder de focar o que realmente importa. Mas isso é apenas o começo. Nos próximos capítulos, vamos explorar como essa ideia se aplica a diferentes áreas da sua vida, desde as finanças até a espiritualidade. Cada capítulo será uma nova oportunidade para você aplicar o que aprendeu e continuar construindo a vida que deseja.

CAPÍTULO 2

# O BÁSICO NAS FINANÇAS

O dinheiro é uma das forças mais influentes na vida de qualquer pessoa. Ele tem o poder de proporcionar conforto, segurança e liberdade, mas também pode ser fonte de estresse, ansiedade e frustração. Neste capítulo, vamos explorar a importância de entender e aplicar os princípios básicos de gestão financeira para garantir que o dinheiro trabalhe a nosso favor, e não contra nós.

Você sabia que cerca de 70% das pessoas que ganham na loteria perdem todo o dinheiro em até cinco anos? O motivo raramente é a falta de sorte; trata-se da falta de preparo. O dinheiro, quando chega sem uma base sólida de gestão, desaparece tão rapidamente quanto surge. Isso acontece porque a verdadeira riqueza não está no quanto você ganha, mas no que você faz com o que tem.

Os erros básicos na gestão do dinheiro fazem com que muitas pessoas passem a vida inteira correndo atrás dele sem nunca realmente tê-lo de fato ao seu favor. E, nos raros momentos em que o dinheiro chega – como no caso de ganhadores da loteria –, ele desaparece com a mesma rapidez com que surgiu.

Por que isso acontece?

Simples: falta de domínio nos princípios básicos das finanças!

Este capítulo não é sobre fórmulas mágicas, mas sobre fundamentos que poucos praticam. São conceitos simples que, quando aplicados, transformam sua relação com o dinheiro e abrem caminho para uma vida financeira mais equilibrada e próspera. Está pronto para começar pelo básico?

Além disso, você vai identificar possíveis erros que pode estar cometendo com relação às suas finanças, e por isso elas não estão como você realmente deseja.

**"O DINHEIRO, QUANDO BEM GERIDO, PODE SER UM SERVO PODEROSO. MAS, QUANDO MAL ADMINISTRADO, TORNA-SE UM MESTRE CRUEL."**

A relação com o dinheiro vai além do que as pessoas imaginam, porque o fato de ter dinheiro na conta ou mesmo liberdade financeira não quer dizer que você aprendeu a lidar com ele.

Infelizmente é muito comum encontrar pessoas que vivem bem financeiramente e, apesar disso, têm mentalidade de escassez e de sobrevivência.

A dor que você carrega determina a maneira como vai se relacionar com o dinheiro.

Você já passou por alguma das situações a seguir?

1. Pediu algo para os seus pais e eles brigaram com você e falaram que não tinham dinheiro.
2. Ouviu a famosa frase: "Dinheiro não dá em árvore".

3. Sentiu vontade de comer algo que outra pessoa estava comendo, mas não teve dinheiro para comprar.
4. Deixou de sair com amigos porque não tinha condições de pagar.
5. Sentiu-se constrangido porque as roupas que você usava eram bem diferentes daquelas que o restante da turma usava.
6. Em datas especiais, como aniversário, você recebeu de presente uma simples lembrança, quando, na realidade, estava esperando um belo presente.
7. No Dia das Crianças e no Natal, os seus amigos receberam belos presentes com os quais você ficou inclusive com vontade de brincar, mas teve que se contentar com o que havia ganhado ou mesmo se conformar de não ter recebido nada.
8. Chegou em casa com fome e não havia nada para comer.
9. Entrou em uma loja e gostou de algo, porém, ao chegar no caixa, o cartão não passou e você não pôde levar o que escolheu.
10. Encheu um carrinho de compras e, ao chegar ao caixa, precisou tirar algumas mercadorias, porque ultrapassavam o valor que você tinha disponível.

Dos exemplos dados, com quantos você se identificou?

Porque a quantidade de pontos com os quais você se identificou fala muito a respeito das suas dores relacionadas ao dinheiro.

Inclusive, o dinheiro já pode tê-lo machucado muito e, por isso, o seu relacionamento com ele foi afetado.

Se o dinheiro fosse uma pessoa, ela seria do tipo arrogante e soberbo, que o trata de uma maneira que você não gosta, porém, quando ela está próxima, você se sente seguro e com poder, mesmo sendo maltratado. E quando ela se afasta, você se sente fraco e inseguro, sempre pensando que o pior pode acontecer a qualquer momento.

Por muitos anos da minha vida fui escravo do dinheiro, pois eu o colocava como prioridade, e não como consequência.

Cleiton, o que isso quer dizer?

Vou explicar de uma maneira simples para que você entenda.

Abrir uma empresa para ganhar dinheiro e pagar as contas é tê-lo como prioridade.

Agora, abrir uma empresa para fazer a diferença na vida das pessoas ou resolver o problema de muitas pessoas é quando o dinheiro se torna consequência.

Se você me perguntasse por que eu trabalhava até os 35 anos de idade, eu responderia que era apenas para pagar contas.

Hoje continuo pagando contas, porém trabalho para cumprir o meu propósito, que é trazer reflexão à vida das pessoas, e me dedico em tudo que eu faço.

Repare que, lendo este livro, você está refletindo; assistindo a um dos meus treinamentos ou cursos, você está refletindo. E se assistir a uma ministração minha em uma igreja, você também vai refletir.

As reflexões trazem a você mais clareza sobre o que realmente precisa ser feito.

Este é o meu propósito de vida: trazer reflexão às pessoas, e, por meio dessas reflexões, a clareza do que realmente precisa ser feito aparece.

Mas não se preocupe se você não tem clareza do seu propósito, eu só passei a ter a partir dos 42 anos de idade.

Até então eu não tinha clareza, porém não deixava de fazer o que entendia que era necessário.

Um dos desafios que tenho, junto com gerir as minhas emoções, é me libertar da mentalidade escrava que me foi imposta ao longo dos anos.

Em nossa vida, não fomos treinados para pensar, mas, sim, para obedecer às ordens que recebemos. Na escola, você não é estimulado a pensar; você está ali para aprender e adquirir conhecimento, porém dificilmente consegue desenvolver um ponto de vista diferente do que está sendo ensinado.

Quantas vezes, no seu trabalho, você foi taxado de questionador ou até mesmo de rebelde simplesmente por não concordar com algo que foi estabelecido? Preciso trazer a você a clareza da mentalidade escrava que carregamos. E esse é um dos processos para que você possa se libertar ao longo da sua vida, na expansão da sua mente.

Cleiton, qual a relação entre o dinheiro e essa mentalidade escrava?

Pela mentalidade escrava que carregamos, o dinheiro é uma das submissões que fazem parte da nossa vida, e a prova disso é que muitas pessoas são escravas dele sem perceber. Ele determina os lugares que elas vão frequentar, as roupas que vão usar e até mesmo os restaurantes onde vão se alimentar. Se nesse momento você parou e pensou: "Mas é porque **sem dinheiro** não tem como fazer algumas coisas", existe uma grande chance de que a escravidão do dinheiro o acompanhe sem que você perceba.

O dinheiro tem um peso tão grande na vida das pessoas que no livro de Mateus, no capítulo 6, Jesus nos ensina que não podemos servir a dois senhores, explicando que o dinheiro é um deus e inclusive dando nome a esse deus, chamando-o de mamom.

> "Ninguém pode servir a dois senhores; porque ou há de odiar um e amar o outro, ou se dedicará a um e desprezará o outro. Não podeis servir a Deus e a mamom." (Mateus 6:24)

Essa é a prova de que o dinheiro é quem divide o seu coração com Deus, ainda que talvez você nunca tenha reparado o quanto ele determina, influencia e impacta suas decisões diárias.

Sendo bem direto com você, qual é o deus a quem você serve? Porque, se você acredita que é ao Deus dono do ouro e da prata, porém, diante de questões que envolvem dinheiro, não consegue tomar uma decisão, lamento informar que você serve a mamom, e não ao Senhor!

1. Quem deu a você o seu carro?
2. Quem deu a você a sua casa?
3. Quem deu a você a sua empresa?
4. Quem deu a você a sua família?
5. Quem dá a você a saúde?

Tenho certeza de que a sua resposta e a da maioria das pessoas para essas cinco perguntas é que foi Deus quem deu tudo isso.

Perfeita a sua resposta, porém agora quero lhe fazer outras perguntas: quando adquiriu ou conquistou os cinco pontos acima, você tinha dinheiro? Você tinha dinheiro quando comprou o carro?

Você tinha dinheiro quando comprou a casa?

Você tinha dinheiro quando abriu a empresa?

Você tinha dinheiro quando se casou e constituiu a sua família?

Você precisa de dinheiro para ter saúde?

## "TUDO QUE ENVOLVE DINHEIRO NÃO TEM A VER COM DEUS!"

Desde muito cedo, somos expostos à realidade de que o dinheiro é necessário para quase tudo na vida. O dinheiro não é apenas uma ferramenta de troca; ele tem um impacto psicológico profundo.

Por muitos anos da minha vida fui escravo do dinheiro e atrelava uma série de coisas a ele. Eu achava que a felicidade tinha uma ligação com "ter dinheiro" e que só seria alguém respeitado quando tivesse uma conta bancária bem farta.

Perdi noites de sono, tive vários conflitos com a minha esposa, Luciana, e confesso que pensei em desistir em vários momentos da vida porque eu dava uma importância muito grande ao dinheiro, e isso acontecia porque ele era a prioridade do que eu fazia, eu me movia por ele, sempre em busca dele, ou seja, eu era escravo nível "hard". O que mudou nos últimos anos é que ele deixou de ser prioridade e se tornou consequência, e a coisa mais importante é que ele não determina o que eu vou viver e também não divide mais o meu coração com Deus.

Hoje tenho clareza de qual é o Deus a quem sirvo e que realmente determina aonde vou chegar e o que vou fazer.

Antes, sempre que estávamos apertados financeiramente, eu tinha o hábito de ficar buscando quais as contas que eu tinha que diminuir, e quais os custos que tinha que cortar, e uma das mudanças na minha mentalidade foi perceber que o mesmo trabalho que você tem para reduzir custos, você tem para aumentar a receita.

"NA VIDA, MAIS DEIXAMOS DE GANHAR DO QUE PERDEMOS."

Isso mesmo. Infelizmente, o medo de perder impede você de fazer coisas e também o deixa cego sobre a questão do quanto você está deixando de ganhar.

Focar a redução das despesas em algumas fases representa isso; em vez de estar focado em aumentar a sua receita (ganhar mais), você está focado na redução de custos (medo de perder e dar errado).

Eu me lembro que, em 2011, quando trabalhava como gerente-geral em uma loja, estávamos em uma situação financeira apertada e com dificuldade de pagar as contas; então a Luciana decidiu fazer pão de mel e trufas para vender. A Luciana sempre cozinhou muito bem, e com as trufas e o pão de mel não foi diferente. Comecei a levar para vender na loja, na hora do almoço, e fiquei surpreso com o retorno. Durante esse período, conseguimos respirar com as nossas finanças graças à receita extra que vinha dos chocolates que a Luciana fazia.

O problema é que, na época, eu não tinha a mentalidade que tenho hoje, e isso aconteceu apenas por um período, porque a Luciana começou a sentir dores no braço devido ao esforço que fazia, o que fez com que ela tivesse que parar com a venda dos chocolates, ou seja, quando ela parou de fazer os chocolates, a nossa renda extra deixou de existir. E pela mentalidade que eu tinha, não percebi que o correto era buscar algum outro meio de ter uma renda extra.

Aqui vai o primeiro erro básico que muitas pessoas cometem: focam a dívida, que, em muitos casos, representa "o problema", e não focam a solução, que seria "a receita extra" gerada.

Olhando hoje para o meu passado, percebo o erro básico que cometi por não ter a mentalidade de focar gerar receitas de acordo com as oportunidades que tínhamos.

**"O DINHEIRO, QUANDO BEM ADMINISTRADO, AMPLIA HORIZONTES E ABRE PORTAS PARA NOVAS POSSIBILIDADES."**

No entanto, essa relação positiva com o dinheiro só é possível quando há uma gestão consciente. Quando o dinheiro é bem gerido, ele deixa de ser uma preocupação constante e se torna uma ferramenta poderosa para alcançar objetivos de vida, proporcionando bem-estar e realização pessoal.

Finanças bem administradas dão a você liberdade, e também potencializam algumas áreas da sua vida. Os objetivos que você estabelece quando está gerindo bem as suas finanças são completamente diferentes daqueles de quem faz o contrário. Uma pessoa que não está com as finanças em ordem, geralmente, só tem em mente o objetivo de pagar contas. Cenário muito diferente daqueles que têm uma boa gestão, cujos objetivos são viagens, expansão da empresa, ou até mesmo grandes conquistas materiais.

Mas isso só é possível se você estiver fazendo o básico quando se trata de finanças. É praticamente impossível chegar ao nível de ter liberdade financeira sem antes se preocupar em cumprir os princípios básicos das finanças. Mas não se preocupe, porque neste capítulo muitas fichas irão cair e muitos *insights* serão gerados em sua mente.

**"A FALTA DE DINHEIRO É COMO UMA SOMBRA QUE ESCURECE ATÉ OS DIAS MAIS BRILHANTES."**

A falta de dinheiro traz um impacto muito grande à vida das pessoas, a ponto de não conseguirem ter uma noite de sono tranquila, potencializarem o estresse e até mesmo estarem em um dia extraordinário, porém não conseguirem contemplar a beleza desse dia, devido ao foco estar na ausência dele.

A falta de controle sobre ele pode ter efeitos devastadores. A insegurança financeira é uma das principais fontes de estresse, e esse estresse pode se manifestar de diversas maneiras, afetando a saúde física, mental e emocional.

Aos 20 anos de idade, me recordo que comecei a passar mal no ambiente de trabalho. Na época eu era vendedor de móveis em uma rede de lojas, e pelo menos duas ou três vezes por semana sentia tontura, náuseas e dores no estômago, e precisava parar por alguns minutos para me recuperar. Quando percebi que as coisas estavam piorando, resolvi ir a um médico, porque, além dos sintomas, eu estava em um nível de irritabilidade muito alto com as pessoas com quem convivia, e isso estava gerando muitos conflitos.

Quando me consultei com o especialista, o diagnóstico foi rápido: eu estava com picos de "estresse" e, como consequência, com gastrite nervosa.

A notícia foi um baque, porque eu tinha apenas 20 anos, e naquele momento a leitura que fiz é que se com aquela idade eu já estava com picos de estresse e gastrite nervosa, era só questão de tempo para receber outros diagnósticos mais sérios relacionados à minha saúde. E o motivo de estar nesse estado era um número elevado de dívidas que eu tinha na época, que hoje, olhando para a minha história, nem eram tão grandes, porém, devido à mentalidade que eu tinha e os padrões que carregava, tiravam a minha paz e me impediam de ter uma boa noite de sono e uma qualidade de vida melhor.

E aqui quero sinalizar o segundo erro básico com finanças que as pessoas cometem: permitir que o dinheiro tire a paz delas a ponto de perderem uma noite de sono ou até mesmo ter conflitos com outras pessoas devido ao nível elevado de irritabilidade.

Mais um erro básico que eu estava cometendo, porque gastava mais do que ganhava, e deixava isso me desestabilizar emocionalmente. Além disso, como eu trabalhava com vendas e tinha uma variação no meu salário, pelo comissionamento, acreditava que se fizesse uma dívida, isso me impulsionaria a vender mais e, consequentemente, ganhar mais, porém não sabia que eu era uma "criança" emocional nessa época, e que, apesar de querer dar voos altos com as dívidas que eu fazia, ainda tinha medo de altura e não tinha maturidade emocional para lidar com aquelas situações, nem, principalmente, resiliência, ou seja, cometia erros básicos pela falta de entendimento.

A ausência de dinheiro afeta não apenas o que você pode ou não pode comprar. Ela afeta sua autoconfiança, sua capacidade de sonhar e planejar o futuro, e pode até mesmo impactar suas relações interpessoais. Quando o dinheiro é escasso, ele se torna uma preocupação constante, drenando energia e foco que poderiam ser dedicados a outras áreas importantes da vida.

Já mencionei aqui alguns exemplos meus, mas agora quero trazer mais seis erros comuns que as pessoas cometem quando o assunto é relacionado a dinheiro e finanças.

Esses erros podem parecer inofensivos no início, mas ao longo do tempo podem ter consequências significativas.

### 1. Gastar mais do que se ganha

Este é um dos erros mais comuns. Muitas pessoas vivem além de seus meios, usando crédito para financiar um estilo de vida que não podem realmente bancar. Isso geralmente resulta em dívidas crescentes e se torna um círculo vicioso de gastos excessivos e pagamentos de juros.

Isso acontece pelo grau comparativo que você carrega, mas principalmente pelas crenças, traumas e complexos que você tem. Uma vez acionado o gatilho, você acaba comprando coisas de que não precisa, para mostrar a pessoas com quem não tem afinidade, e gastando um dinheiro que não possui. Essa frase não é novidade, porém você nunca parou para refletir que faz isso de maneira inconsciente, sem perceber.

Quantas coisas você comprou sem necessidade e que inclusive estão paradas em sua casa, sem uso, e o pior, as parcelas ainda estão vindo todo mês para serem pagas.

## 2. Não ter um orçamento

Viver sem um orçamento é como navegar sem um mapa. Muitas pessoas não têm uma visão clara de aonde seu dinheiro está indo, e sem esse controle é fácil perder o rumo.

A falta de acompanhamento para saber aonde o seu dinheiro está indo é um dos principais motivos pelos quais você está nessa situação. E a história que você conta é: "Cleiton, nem quero olhar, porque isso me deixa ainda pior".

Pare de fugir e comece a encarar alguns problemas de frente. É um erro básico você não ter uma planilha, ou um caderno, que seja, para acompanhar os valores que entram no mês e principalmente as saídas.

## 3. Não ter uma reserva de emergência

Emergências financeiras acontecem. Pode ser uma perda de emprego, uma despesa médica inesperada ou um reparo urgente na casa. Sem uma reserva de emergência, essas situações podem rapidamente se transformar em crises financeiras.

Sei que você já ouviu falar do termo "reserva de emergência", mas parece que é algo muito distante da sua realidade, porque você pode pensar: "Cleiton, eu não consigo juntar dinheiro, isso é algo muito difícil". Entendo o que você está falando, mas não posso deixar de sinalizar que não ter uma reserva de emergência é um erro básico que você está cometendo em sua vida financeira.

"ERROS FINANCEIROS PODEM PARECER PEQUENOS EM UM PRIMEIRO MOMENTO, MAS SUAS CONSEQUÊNCIAS PODEM DURAR UMA VIDA INTEIRA."

Se a frase acima parece forte para você, decida de uma vez por todas que esse cenário não vai mais acompanhá-lo e que esse padrão vai deixar de fazer parte da sua vida.

Se o item três é o mais complicado para você colocar em prática, eu o aconselho a colocar em prática os dois primeiros, e a consequência disso será você conseguir realizar o terceiro item.

## 4. Não definir metas financeiras

Para quem não sabe para onde vai, qualquer caminho serve. Muitas pessoas vivem financeiramente no piloto automático, sem metas claras. Definir objetivos, como quitar uma dívida, fazer uma viagem ou investir, dá sentido ao esforço e disciplina no uso do dinheiro.

Provérbios 29:18 diz: "Onde não há visão, o povo perece", mostrando que a falta de direção leva ao fracasso financeiro.

Em outras palavras, sem um objetivo claro e um plano definido, as pessoas se perdem em decisões impulsivas, gastam sem propósito e acabam colhendo o fracasso financeiro. Ter visão é traçar um caminho que guia suas escolhas e direciona seus esforços rumo à prosperidade.

### 5. Desprezar a educação financeira

Ignorar o aprendizado sobre dinheiro é um erro básico que impede o crescimento financeiro. Dedicar um tempo para entender como o dinheiro funciona, como economizar, investir e planejar é tão importante quanto ganhar. O conhecimento o protege de erros caros e abre caminhos para oportunidades.

**"QUEM NÃO INVESTE EM CONHECIMENTO PAGA O PREÇO DA IGNORÂNCIA COM JUROS ALTOS."**

Ao negligenciar a educação financeira, você se torna vulnerável a erros que poderiam ser evitados com conhecimento. O preço da ignorância aparece não só nas perdas financeiras, mas também nas oportunidades que você deixa de aproveitar por não saber como agir com o dinheiro.

### 6. Ser escravo do status

Muitas pessoas gastam o que não têm para impressionar quem não conhecem. Viver de aparências é uma armadilha perigosa. O verdadeiro sucesso financeiro não está no que você mostra, mas no que você constrói.

Como diz Eclesiastes 4:6: "Melhor é um punhado com tranquilidade do que ambas as mãos cheias com trabalho e correr atrás do vento".

Não adianta ter abundância material se ela vier acompanhada de estresse, ansiedade e esgotamento. Viver com equilíbrio, contentamento e paz vale mais do que buscar riquezas a qualquer custo. Muitas pessoas sacrificam saúde, família e propósito em troca de uma falsa sensação de sucesso, apenas para descobrir que estavam correndo atrás do vento, algo que nunca podem segurar. A verdadeira prosperidade está em viver com propósito, simplicidade e gratidão, sabendo que a paz vale mais do que qualquer conquista material.

Acredito que, entre os seis erros mencionados, você tenha se identificado com alguns. Mas a verdadeira pergunta é: o que você vai fazer com esse reconhecimento?

Errar é parte do processo, mas permanecer no erro é uma escolha. Muitos sabem o que está errado, mas poucos têm coragem de agir para mudar. Agora que você enxergou suas falhas financeiras, pergunte a si mesmo: "Vou continuar repetindo os mesmos padrões ou vou romper com esse ciclo?".

A decisão está em suas mãos. Não espere por um momento perfeito para organizar suas finanças – ele não existe. Comece com o que você tem, de onde você está e com o que já aprendeu aqui. O básico pode ser simples, mas também é poderoso.

Então, a partir de hoje, assuma um novo compromisso: redefina seu relacionamento com o dinheiro e coloque suas finanças em ordem. Não porque você precisa, mas porque você merece viver com mais clareza, controle e paz.

**"OS ERROS BÁSICOS NAS FINANÇAS SÃO SIMPLES, MAS AS CONSEQUÊNCIAS SÃO PROFUNDAS."**

Chegar até aqui significa que você já teve várias fichas caindo, enxergando com clareza erros que muitas vezes passam despercebidos. O problema com os erros básicos nas finanças é justamente este: eles são simples, mas suas consequências são profundas. No entanto, assim como um pequeno ajuste pode mudar o curso de um avião em milhares de quilômetros, pequenas mudanças na sua forma de lidar com o dinheiro podem transformar completamente sua vida financeira.

Esses erros não acontecem por acaso. Eles são fruto da sua mentalidade, da sua história e das crenças que você carrega sobre o dinheiro. Muitas vezes, você sabe que algo está errado, mas ignora, foge ou se convence de que não tem saída. Porém, enquanto não confrontar essas verdades, continuará repetindo padrões que o aprisionam.

O ponto central deste capítulo é simples: pare de complicar e comece pelo básico. Reduza seus gastos desnecessários, organize suas finanças com um orçamento e crie sua reserva de emergência. Esses três fundamentos, quando colocados em prática, são como raízes fortes que sustentam uma árvore, permitindo que você cresça com segurança.

Além das práticas, trabalhe sua mentalidade. Lembre-se: o problema não é o dinheiro, mas, sim, a maneira como você se relaciona com ele. Não permita que o medo ou a busca incessante por *status* guiem suas decisões.

Busque equilíbrio, não excessos.

Quero que você termine este capítulo com uma decisão firme: errar é humano, mas repetir os mesmos erros por negligência é escolha. Escolha o caminho da sabedoria, do aprendizado contínuo e da disciplina.

E lembre-se: o básico não é saber, é fazer. É isso que separa aqueles que conquistam uma vida financeira saudável dos que vivem presos ao ciclo da escassez.

Agora você tem não apenas o conhecimento, mas também o entendimento que compartilhei neste capítulo. No entanto, o próximo passo não está em minhas mãos – está nas suas. Saber é importante, mas agir é transformador.

E somente você tem o poder de colocar esse conhecimento em prática. A decisão é sua, porque é a sua vida financeira que está em jogo.

Eu trouxe clareza, mas é você quem escreve o próximo capítulo da sua história.

CAPÍTULO 3

# CONCEITOS BÁSICOS NAS EMOÇÕES

As emoções são uma parte essencial do ser humano. Elas moldam a forma como enxergamos o mundo, influenciam nossas decisões e impactam nossos relacionamentos. O problema é que, muitas vezes, em vez de sermos gestores das nossas emoções, nos tornamos reféns delas.

É aqui que entra a importância de compreender o básico sobre nossas emoções: só quando conseguimos reconhecer, entender e gerenciar nossos sentimentos é que começamos a viver com mais equilíbrio e propósito. Não podemos controlar o ambiente ao nosso redor, mas podemos aprender a controlar nossas reações diante dele.

"VOCÊ NÃO PODE CONTROLAR AS PESSOAS, MAS PODE CONTROLAR A FORMA COMO REAGE ÀS ATITUDES QUE ELAS TÊM EM RELAÇÃO A VOCÊ."

Nos últimos anos, tenho me dedicado intensamente ao estudo da gestão emocional, não apenas para ensinar meus alunos e leitores, mas, acima de tudo, para crescer como pessoa e assumir o controle das minhas próprias emoções.

Aprendi com meu pastor uma lição valiosa: "Deus está no comando da nossa vida, mas quem está no controle somos nós, e isso é nossa responsabilidade".

O problema é que muitas pessoas deixam de ser protagonistas da própria história, porque quem assume o controle são suas emoções desgovernadas.

E é justamente aí que mora o perigo.

Quando suas emoções dirigem suas decisões, você perde a clareza, reage em vez de agir e vive à mercê das circunstâncias.

Assumir o controle emocional não significa reprimir sentimentos, mas aprender a liderá-los para que seja você, e não suas emoções, quem decide o rumo da sua vida.

Ao longo deste capítulo, exploraremos os erros mais comuns que as pessoas cometem ao lidar com suas emoções e como uma abordagem simples, porém eficaz, pode transformar completamente a forma como você as gerencia no dia a dia.

**"A VERDADEIRA FORÇA NÃO ESTÁ EM NUNCA SENTIR, MAS EM SABER COMO LIDAR COM O QUE SENTIMOS."**

As emoções são como sinais de trânsito em nossa vida interior. Elas nos alertam sobre o que está acontecendo ao nosso redor e dentro de nós. No entanto, se não soubermos interpretá-las corretamente, corremos o risco de tomar decisões precipitadas ou viver de maneira reativa.

Aprendi uma frase com um dos meus mentores que sempre gosto de repetir para meus alunos. Tiago Brunet diz que "Só podemos mudar o que identificamos", e quando se trata de emoções, não é diferente.

Identificar nossas emoções vai além de apenas compreender sua importância. Significa perceber quando há uma alteração interna que nos afeta profundamente a ponto de nos deixar extremamente felizes, tristes ou mesmo irritados.

Em minhas palestras e treinamentos, sempre enfatizo a importância dos gatilhos emocionais. São eles que, quando acionados, interferem diretamente em nossas emoções, levando-nos a adotar comportamentos positivos ou negativos.

Vamos imaginar que você tenha crescido em um ambiente onde a mentira era recorrente. Seu pai mentia para sua mãe ou mesmo para você, prometendo coisas que nunca eram cumpridas. Isso pode ter levado você a desenvolver um gatilho emocional relacionado à mentira.

Isso significa que, sempre que sentir que alguém está mentindo para você, esse gatilho será acionado. E, ao ser ativado, ele pode desestabilizar seu estado interno, afetando todo o seu sistema emocional. Como consequência, você pode reagir de maneira impulsiva, adotando comportamentos ou dizendo coisas das quais pode se arrepender depois.

Quando um gatilho emocional é ativado, ele gera um desequilíbrio emocional, e esse desequilíbrio leva a ações impensadas que, por falta de controle, podem resultar em arrependimento posterior.

Algumas pessoas confundem gatilhos com princípios, pois acreditam que o princípio da verdade é algo que elas carregam. No entanto, muitas vezes, trata-se não de um princípio, mas, sim, de um gatilho emocional que foi desenvolvido devido a uma ferida não cicatrizada. Por essa razão, elas não conseguem tolerar a mentira em nenhuma circunstância.

Lembro-me de uma situação no início do meu casamento com a Luciana. Na verdade, nosso casamento não foi planejado como deveria, pois acabamos antecipando algumas coisas.

Quando nos casamos, recebíamos ajuda de nossos familiares. Uma dessas ajudas vinha da minha cunhada e da minha mãe, que nos davam tickets, também conhecidos como vale-refeição. Esses tickets eram utilizados quando íamos ao mercado para fazer as compras do mês, ajudando a complementar nossa renda.

A primeira vez que saímos para fazer compras juntos, lotamos um carrinho com comida e guloseimas. Algo comum para casais recém-casados e ainda imaturos em algumas áreas da vida.

Pois bem, chegando ao caixa para pagar, o valor ficou três vezes acima do que imaginávamos. Nesse momento, Luciana disse à atendente que precisávamos retirar alguns itens para reduzir o valor da compra.

O problema é que, quando ela disse isso, ativou um gatilho emocional em mim, e não permiti que ela tirasse nada do que havíamos escolhido.

Resumo da história: os tickets que deveriam durar o mês inteiro foram gastos em uma única ida ao supermercado.

Eu jamais me permitiria passar pela "vergonha" de retirar itens no caixa. Na minha cabeça, com o gatilho acionado, parecia que todos estavam me observando e julgando, pensando que não tínhamos dinheiro para pagar.

Porque, quando um gatilho é ativado, temos a sensação de que o mundo inteiro parou para olhar na nossa direção e, principalmente, para nos julgar.

Pois bem, quase 22 anos depois desse episódio, compreendi que aquela situação havia ativado um gatilho que eu carregava havia anos.

Venho de uma infância humilde, mas, quando entrei na adolescência, nossa condição financeira mudou. No entanto, alguns hábitos permaneceram. Meu pai tinha o costume de sempre tentar conseguir um desconto ou um brinde em qualquer compra. Isso era algo comum para ele.

O problema é que, quando a negociação não avançava, meu pai simplesmente desistia da compra. Para ele, isso nunca foi um problema. Mas, para mim, era.

Lembro-me de diversas situações em que saíamos das lojas sem comprar nada porque ele desistia ao não conseguir um desconto. Essa experiência, sem que eu percebesse, moldou uma reação emocional que me acompanhou até a vida adulta.

Desistir era algo comum para ele, até mesmo no supermercado. Passei por várias situações em que, sempre que chegava a hora de efetuar o pagamento, nosso caixa demorava mais do que o normal. Isso acontecia porque, naquela época, era comum fazer compras e pagar com cheque. Dependendo do valor, o cliente podia conseguir alguns dias para a compensação do cheque.

Lembro-me de um sábado de manhã em que fomos a um supermercado chamado Bazar 13, localizado no bairro 18, em Osasco. Naquele dia, enchemos três carrinhos de compras. Quando chegamos ao caixa, o valor foi muito alto. Meu pai tentou pagar com cartão de crédito, mas não tinha limite suficiente. Então, tentou negociar o pagamento com cheque, mas não conseguiu os dias de que precisava para a compensação. Resumo da história: saímos do supermercado sem levar nada.

Lembro-me perfeitamente daquele dia. Sempre que isso acontecia, um pensamento me consumia: "Lá vão eles, querendo comprar o que não podem pagar". Esse sentimento me deixava profundamente envergonhado e exposto, como se todos ao redor pudessem ver minha frustração e minhas limitações.

O problema é que a Luciana também passou por isso com seu pai, mas de uma forma um pouco diferente. Ele deixava a família fazer as compras e, quando chegavam ao caixa para pagar, aparecia e começava a retirar tudo o que achava desnecessário. Fazia isso de maneira muito natural e tranquila, como se fosse algo comum.

Você pode estar se perguntando agora:

"Cleiton, se ela também passou por isso, por que pediu para cancelar itens no caixa enquanto vocês faziam as compras?"

Porque ela não tem esse gatilho. Ela não carregava essa ferida, como eu. No caso dela, era diferente. Essa era uma prática comum que ela entendeu como parte natural da vida. Para ela, retirar itens no caixa era algo normal, pois cresceu vendo isso acontecer. Não foi uma experiência que a feriu ou a fez se sentir exposta.

Diferentemente de mim, que a última coisa que queria era ter que devolver itens depois de escolhidos.

Aqui fica uma grande lição: situações iguais ou parecidas podem causar efeitos completamente diferentes nas pessoas quando se trata de feridas e gatilhos emocionais. O que é comum para um pode ser o fim do mundo para outro.

É por isso que, quando um gatilho é acionado, você pode perder o controle emocional de forma rápida, sem sequer perceber o que está fazendo ou as decisões que está tomando.

"DOMINAR SUAS EMOÇÕES É O PRIMEIRO PASSO PARA DOMINAR SUA VIDA."

Se você quer ser o protagonista da sua vida, aprenda a dominar as suas emoções, caso contrário, estará cometendo um dos maiores erros que uma pessoa pode cometer, que é levar uma vida conduzida pelo seu estado emocional, sem ter um domínio sobre ele, perdendo oportunidades e principalmente deixando de fazer o que gosta.

Suas emoções sempre vão te conduzir a fazer o que você gosta, e não necessariamente o que é realmente necessário. Por isso, não ter gestão emocional é um erro básico que não pode ser cometido!

A Bíblia nos ensina muito sobre o domínio emocional. Em Provérbios 16:32, está escrito: "Melhor é o homem paciente do que o guerreiro; mais vale controlar o seu espírito do que conquistar uma cidade".

Esse versículo nos lembra que a verdadeira força está no autocontrole emocional, algo que muitas vezes negligenciamos. Afinal, controlar a si mesmo tem muito mais valor do que conquistar uma cidade.

Sempre digo em minhas palestras que um dos maiores desafios que enfrento é controlar minhas emoções. Vocês não fazem ideia de como é difícil controlar o Cleiton – controlar os pensamentos que surgem na minha mente, as coisas que quero fazer e, principalmente, as que não quero. Controlar o que penso em falar e, ao mesmo tempo, o que preciso verbalizar.

Gerenciar as emoções é um grande desafio para qualquer pessoa, mas é algo essencial e fundamental.

A psicologia moderna também reforça essa importância. Segundo o psicólogo Daniel Goleman, autor de *Inteligência Emocional*, as pessoas que conseguem gerenciar suas emoções tendem a ter mais sucesso na vida pessoal e profissional. Goleman explica que a capacidade de reconhecer e regular as emoções é uma habilidade crucial para o bem-estar e para a construção de relacionamentos saudáveis.

"VOCÊ NÃO PODE CONTROLAR O QUE ACONTECE COM VOCÊ, MAS PODE CONTROLAR COMO REAGE A ISSO."

Se, a partir de agora, você começar a observar a forma como reage às situações que acontecem com você, não tenho dúvidas de que sua gestão emocional evoluirá rapidamente. Isso trará mais equilíbrio para sua vida, tornando-a mais leve e ajudando-o a se relacionar melhor com as pessoas ao seu redor.

Agora, quero compartilhar com você dez erros básicos que as pessoas cometem na vida devido à falta de gestão emocional.

## 1. Reprimir sentimentos

Muitas pessoas reprimem suas emoções por acharem que é errado sentir-se vulnerável ou expressar o que sentem. Isso pode levar a explosões emocionais no futuro. Aprenda a acolher os próprios sentimentos, até porque eles não são uma exclusividade sua, todos nós temos sentimentos ruins. Um dos efeitos de quem reprime sentimentos e não quer colocá-los para fora é que o corpo acaba somatizando, e isso muitas vezes se transforma em uma enfermidade, chegando a doenças graves.

## 2. Tomar decisões no calor do momento

Agir de forma impulsiva em momentos de raiva ou tristeza muitas vezes leva a arrependimentos. Aprender a pausar antes de reagir é fundamental.

Toda decisão tomada em um momento de pico emocional vai trazer um arrependimento posterior, por isso não cometa mais esse erro. Pense antes de agir, mas pense na razão e não na emoção.

### 3. Depender dos outros para validar suas emoções

Acreditar que os outros são responsáveis por nos fazer sentir de certa forma pode ser perigoso. Cada pessoa é responsável pelas suas próprias emoções.

Isso tem uma ligação com a necessidade de validação que carregamos. Estamos sempre em busca de migalhas emocionais de outras pessoas. Meu conselho é que você se liberte disso o quanto antes, entendendo o valor que você carrega e as habilidades e dons que tem.

### 4. Viver preso ao passado emocional

Reviver continuamente mágoas antigas impede o crescimento emocional e a superação. Pessoas que carregam mágoas e sentimentos ruins tendem a ter uma vida triste e de muitos desafios, e, vivendo assim, uma hora a conta chega. E quando chega, traz junto uma doença, em razão de o corpo ter somatizado conforme falei no item 1. Um dos caminhos para se libertar é o perdão. Isso mesmo: perdoar quem causou a você algum mal.

### 5. Fugir das emoções desconfortáveis

Ninguém gosta de se sentir triste, frustrado ou com medo. Evitar sentir tristeza, frustração ou medo pode impedir que essas emoções sejam processadas e curadas.

O que não podemos evitar, temos que aprender a lidar. Por isso aprenda a lidar com as emoções que de alguma maneira fazem mal a você, até porque elas são necessárias para o seu crescimento e amadurecimento emocional.

### 6. Comparar suas emoções com as dos outros

As emoções de cada pessoa são únicas. Comparar seus sentimentos aos dos outros pode fazer você se sentir inferior ou incompreendido. O grau comparativo na medida errada prejudica e coloca você para baixo. Cuidado com as comparações, pois elas podem estar fazendo você potencializar algo do qual precisa se libertar.

### 7. Reagir em vez de se posicionar

Reações automáticas e impulsivas em vez de respostas conscientes e controladas muitas vezes resultam em conflito. Existe uma diferença entre reagir e se posicionar. Comece a se posicionar de maneira equilibrada e correta, e não somente reagir aos acontecimentos da vida. Quem reage impulsivamente vive na corda bamba do arrependimento.

### 8. Excesso de autocrítica emocional

Ser extremamente duro consigo mesmo ao sentir emoções como tristeza ou raiva pode intensificar o sofrimento. Pessoas perfeccionistas têm como característica a autocrítica elevada. Isso faz com que a vida se torne pesada e, muitas vezes, sem sentido. Elas acabam tendo dificuldade em receber elogios e principalmente em comemorar as suas conquistas.

## 9. Não buscar ajuda quando necessário

Muitas vezes, as pessoas sofrem em silêncio por medo de serem vistas como fracas, em vez de procurar ajuda emocional. Por muitos anos, tive dificuldade em pedir ajuda; devido às crenças e complexos que carregava, eu não queria dar o gostinho de mais uma vez alguém ser superior a mim. Mas esse foi um dos piores erros que cometi.

Sim, devemos pedir ajuda sempre que for necessário, afinal, estamos sempre dispostos a ajudar quando alguém precisa de nós. Ajude sempre que possível, mas se permita ser ajudado sempre que necessário.

## 10. Depender de válvulas de escape nocivas

O uso de substâncias, como álcool ou drogas, ou a imersão excessiva em trabalho como forma de evitar emoções são práticas destrutivas. A fuga para não encarar as próprias emoções não está apenas em se afundar no álcool ou nas drogas, mas também em se afundar no trabalho. Por muitos anos da minha vida fui escravo do trabalho, porque assim eu não tinha tempo para resolver as minhas questões emocionais. A fuga não é o melhor caminho para quem busca ter gestão emocional.

**"IGNORAR SUAS EMOÇÕES É COMO IGNORAR OS SINAIS DE ALERTA DO SEU CARRO; CEDO OU TARDE, ISSO O DEIXARÁ NO MEIO DO CAMINHO."**

Eu sempre gosto de lembrar os meus alunos que "uma hora a conta chega". E isso é uma verdade, porque ignorar a nossa vida emocional, além de ser um erro básico, é como ter um carro e achar que a sua única preocupação é abastecer o veículo sempre que o tanque estiver ficando vazio.

Quem tem carro sabe que, além de abastecer, é preciso ficar de olho no painel do veículo, porque de tempos em tempos alguma luz acende alertando que algo precisa ser feito ou mesmo que tem algo de errado.

Mas se você ignorar os sinais, é só questão de tempo para ficar na mão com o seu carro. Ele vai parar!

Não cuidar da gestão emocional significa que é somente questão de tempo para a conta chegar, e você terá que parar. E os motivos são diversos – desde uma crise de ansiedade ou de pânico, até uma enfermidade mais séria.

A seguir trago um guia de boas práticas que você deve adotar em sua vida para parar de uma vez por todas com os erros básicos que você vem cometendo.

## DEZ PRÁTICAS EMOCIONAIS QUE TODAS AS PESSOAS DEVEM ADOTAR

### 1. Autoconhecimento emocional

Tire um tempo para entender o que você sente. Pergunte-se frequentemente: "O que estou sentindo agora? Por que estou sentindo isso?".

Aprenda a olhar mais para dentro de você e para sua história; isso vai elevar o seu nível de autoconhecimento.

## 2. Aceitar suas emoções

Todas as emoções, sejam boas ou ruins, têm um propósito. Aceite-as como parte natural da sua experiência humana. Todas as emoções são necessárias em cada momento da sua vida. Imagine a força que você descobre que tem em um momento que precisa transformar a tristeza em alegria, ou a frustração em satisfação? Por isso, entender que todas as emoções fazem parte da nossa vida é fundamental.

## 3. Praticar a respiração consciente

Quando se sentir sobrecarregado, pare e respire fundo. A respiração ajuda a regular o sistema nervoso e a reduzir o estresse. Em momentos de pressão, respirar lenta e profundamente o ajudará a oxigenar o cérebro, e isso promoverá um olhar diferente para a situação que está enfrentando.

## 4. Nomear suas emoções

Quando você nomeia o que está sentindo, fica mais fácil lidar com a emoção. Por exemplo, dizer "Estou com raiva" é um primeiro passo para resolver o que causou a raiva. Faça esse exercício, ele vai ajudá-lo a lidar melhor com o que está sentindo.

### 5. Desenvolver a empatia

Coloque-se no lugar dos outros para entender o que estão sentindo. Isso melhora os relacionamentos e a comunicação. Somos especialistas em julgar as pessoas, mas temos dificuldade em entender o que as motivou a fazer o que fizeram. A empatia vai ajudá-lo a julgar a atitude, e não a pessoa.

### 6. Buscar apoio quando necessário

Não tenha medo de procurar ajuda, seja de um amigo confiável, seja de um profissional. Expressar suas emoções pode trazer alívio. Não temos como levar uma vida sem receber a ajuda de pessoas. A dificuldade em pedir ajuda pode estar ligada às dores e feridas que você carrega. Sempre que necessário, peça ajuda.

### 7. Praticar o perdão emocional

Carregar mágoas e ressentimentos é um fardo pesado. Aprender a perdoar é essencial para a saúde emocional. O perdão não tem a ver com quem o machucou, e sim única e exclusivamente com você. Por isso praticá-lo faz com que você tenha uma vida leve e tranquila.

### 8. Estabelecer limites emocionais

Respeite suas necessidades emocionais e saiba dizer "não" quando necessário. Cuidar de si mesmo também é cuidar das suas emoções. Aprenda a estabelecer limites com as pessoas e lembre-se de que elas só vão até onde você permitir. Não se posicionar também é uma decisão, porém uma decisão errônea. Aprenda a se posicionar com as pessoas que convivem com você.

### 9. Aproveitar os momentos de alegria

Muitas vezes, estamos tão focados em resolver problemas que nos esquecemos de aproveitar as pequenas alegrias. Valorize cada momento de felicidade. Os momentos de felicidade servem para mostrar que nossa vida não se resume a problemas ou desafios, também faz parte dela ter boas memórias em momentos de alegria com as pessoas que amamos.

### 10. Cultivar a gratidão

A prática da gratidão ajuda a manter uma perspectiva positiva, mesmo diante de desafios emocionais. Agradeça por tudo que você sente, inclusive as emoções difíceis, pois elas o ajudam a crescer e avançar.

**"PRATICAR A INTELIGÊNCIA EMOCIONAL É COMO TREINAR UM MÚSCULO; QUANTO MAIS VOCÊ PRATICA, MAIS FORTE FICA."**

Recentemente, decidi cuidar melhor da minha aparência e do meu corpo no aspecto estético, pois, em relação à saúde, já venho me cuidando há alguns anos. Resolvi emagrecer e perder alguns quilos praticando exercícios. Conforme comecei a frequentar a academia, percebi pequenas mudanças no meu corpo

– músculos que antes não eram desenvolvidos começaram, aos poucos, a tomar forma.

No entanto, é um processo desafiador, que exige esforço e disciplina e, em alguns momentos, pode ser doloroso.

Cuidar da inteligência emocional não é diferente. Há momentos difíceis, porque é preciso fazer o que é necessário, e não apenas o que gostaríamos.

Mas o prazer de perceber que, conforme você evolui emocionalmente, diversas áreas da sua vida também progridem… Isso é indescritível.

Meu conselho é que você não negocie mais a sua evolução emocional.

Ao longo deste capítulo, aprendemos que as emoções são parte integrante de quem somos e que o domínio sobre elas pode transformar nossa vida de forma significativa. Ignorar ou reprimir as emoções pode resultar em reações descontroladas e arrependimentos, enquanto reconhecê-las e gerenciá-las nos proporciona liberdade e clareza.

**"O VERDADEIRO PODER NÃO ESTÁ EM NÃO SENTIR, MAS EM SABER COMO AGIR DIANTE DO QUE SENTIMOS."**

Muitas pessoas acreditam que ter controle emocional significa não sentir, não se abalar ou não demonstrar fraqueza. Mas a verdade é que o verdadeiro poder não está em evitar as emoções, mas em saber como agir diante delas.

Todos nós sentimos medo, raiva, tristeza, frustração e ansiedade em algum momento da vida. Essas emoções fazem parte de quem somos e carregam mensagens importantes sobre nossas experiências e desafios. O problema não está em senti-las, mas em permitir que elas nos controlem e determinem nossas atitudes.

Uma pessoa emocionalmente madura não reprime o que sente, mas aprende a reconhecer, compreender e canalizar suas emoções da maneira certa. Isso significa que, em vez de reagir impulsivamente, ela age com consciência, equilíbrio e propósito.

Por exemplo, sentir raiva não é errado. Mas deixar que essa raiva conduza suas ações, gerando palavras duras ou decisões impensadas, pode ter consequências irreversíveis. Da mesma forma, sentir medo não é um problema. O problema é permitir que ele o paralise e o impeça de avançar rumo aos seus sonhos.

Por isso, o verdadeiro poder não está na ausência de sentimentos, mas na capacidade de liderá-los. Quem domina suas emoções domina sua vida.

E você, tem sido refém das suas emoções ou tem aprendido a usá-las a seu favor?

"NÃO DEIXE QUE UMA EMOÇÃO PASSAGEIRA CAUSE UM IMPACTO PERMANENTE EM SUA VIDA."

A frase acima se torna ainda mais profunda quando você entende que, por falta de gestão emocional, algo que deveria ser apenas uma fase na sua vida acabou se tornando permanente. E hoje essa limitação continua prejudicando-o em diversas situações, impedindo-o de viver o extraordinário que a vida pode oferecer.

Acredito que viver sem domínio emocional é como embarcar em um trem sem saber o destino. A cada parada, você é surpreendido pelas pessoas que entram, mas também, principalmente, pelas que saem.

Porque uma vida sem controle emocional funciona exatamente assim: pessoas entram na sua vida rapidamente e, na mesma velocidade, vão embora.

Elas se afastam não por acaso, mas porque a dificuldade em lidar com suas emoções impacta diretamente os seus relacionamentos. E, se não houver evolução, a cada nova estação mais pessoas sairão, enquanto cada vez menos vão entrar.

Em outros termos, uma vida sem gestão emocional leva a apenas um destino… a solidão!

Se não é isso que você quer viver no seu futuro, eu o aconselho a começar hoje o processo de evolução emocional, para que você possa viver o extraordinário nessa vida.

"COMECE PELO BÁSICO: ENTENDA SUAS EMOÇÕES, PRATIQUE O AUTOCONTROLE E VEJA COMO SUA VIDA PODE MUDAR."

Lidar com as emoções não é um processo rápido nem fácil, mas é essencial. O básico das emoções começa com o reconhecimento e o autocontrole, e essas práticas simples podem ter um impacto profundo em todas as áreas da sua vida.

O convite, a partir deste capítulo, é para que você comece a dar os primeiros passos para entender e dominar suas emoções, sabendo que isso é a chave para uma vida emocionalmente equilibrada e plena.

A vida é construída sobre pequenas decisões diárias. Não espere pela oportunidade grandiosa ou pelo momento perfeito para começar. A transformação começa no presente, nas ações que você pode tomar agora mesmo. Ao escolher focar o básico, você está escolhendo um caminho de consistência, de clareza e de crescimento.

Este livro não é sobre fórmulas mágicas ou atalhos para o sucesso. Pelo contrário, ele é um lembrete de que o verdadeiro poder está nas coisas simples, nas práticas que muitas vezes ignoramos, mas que são as mais eficazes para nos levar aonde queremos chegar.

**"AS MAIORES REALIZAÇÕES COMEÇAM COM OS PASSOS MAIS SIMPLES. COMECE PELO BÁSICO E CONSTRUA O QUE QUISER."**

Seja nas emoções, nas finanças, nos relacionamentos ou em qualquer outra área da sua vida, concentre-se no que realmente importa. Domine o básico e você verá como isso vai transformar sua vida em todos os aspectos.

Agora cabe a você aplicar o que aprendeu. Nenhum livro tem o poder de mudar sua vida sozinho, mas as ações que você decide tomar a partir do que leu podem fazer toda a diferença.

"GRANDES VITÓRIAS SÃO O ACÚMULO DE PEQUENOS PASSOS DADOS COM PERSISTÊNCIA."

Minha esperança é que você comece a colocar em prática esses princípios básicos e que, com o tempo, veja o impacto profundo que eles podem ter em sua vida.

Comece pelo básico. Seja nas finanças, nas emoções, na liderança, nos relacionamentos ou em qualquer outra área. Esse é o segredo para alcançar o extraordinário.

"O EXTRAORDINÁRIO NASCE QUANDO O BÁSICO É FEITO COM EXCELÊNCIA."

Não subestime o poder do simples. Estamos constantemente em busca de soluções complicadas, de ideias revolucionárias, de algo que vai mudar tudo de uma vez. Mas, na realidade, é o básico bem feito que cria as bases para todas as grandes conquistas.

Então, daqui para a frente, lembre-se sempre: quando a vida parecer complexa, volte ao básico. Quando os desafios parecerem grandes demais, simplifique. Quando se sentir perdido, recomece pelas ações simples que você sabe que funcionam.

**"O BÁSICO NÃO É FAZER MENOS, MAS FAZER O QUE IMPORTA."**

E ao focar o que realmente importa, você verá que o extraordinário virá naturalmente, como resultado de sua dedicação às pequenas coisas que, com o tempo, se somam para formar algo muito maior.

Esse é o poder do básico: comece hoje, comece agora. Mas faça!

CAPÍTULO 4

# O BÁSICO DOS RELACIONAMENTOS SAUDÁVEIS

## A SIMPLICIDADE QUE TRANSFORMA CONEXÕES

Imagine um edifício grandioso sendo construído sem uma base sólida. Não importa quão sofisticada seja a arquitetura, quão detalhado seja o acabamento ou quão impressionante seja a altura, se a estrutura básica não for bem feita, cedo ou tarde tudo desmoronará. Assim são os relacionamentos: muitos buscam estratégias avançadas para melhorar suas conexões, mas negligenciam o essencial. O básico bem feito é o que sustenta relações duradouras e saudáveis.

O problema é que, na ânsia de viver grandes histórias, as pessoas esquecem os pequenos capítulos que constroem a base do enredo. Elas querem respeito sem praticar a escuta ativa, querem amor sem demonstrar carinho, querem confiança sem oferecer transparência. O erro não está na falta de desejo por um relacionamento melhor, mas, sim, na ausência de compromisso com os fundamentos que o sustentam.

Recebo muitas perguntas dos meus seguidores sobre um dilema comum: "O que fazer quando um deseja crescer e se desenvolver, mas o outro não tem o mesmo interesse?".

Erros básicos nos relacionamentos levam muitos casais, amigos e até mesmo parceiros de trabalho a se afastarem, simplesmente por falta de compreensão quando o assunto é desenvolvimento pessoal.

"VOCÊ NÃO PODE OBRIGAR ALGUÉM A CRESCER,
MAS PODE SER A PROVA VIVA DE QUE VALE A PENA EVOLUIR."

Todos concordamos que evoluir e crescer é essencial para qualquer pessoa. Mas, então, por que alguns resistem ou até mesmo rejeitam essa ideia? A resposta está, muitas vezes, na forma como o crescimento é apresentado.

Percebo que algumas pessoas não gostam de mim sem sequer me conhecer. E o pior: não fazem a menor questão de mudar essa percepção. Por quê?

Porque a maneira como me apresentaram a elas foi por meio de críticas, julgamentos ou ataques.

Imagine alguém dizendo: "Você deveria ler o livro do Cleiton Pinheiro, *O poder do recomeço*, para ver se aprende a fazer as coisas direito".

"Você precisa fazer os treinamentos do Cleiton Pinheiro para aprender a controlar suas emoções."

"Você precisa começar a acompanhar o canal do Cleiton Pinheiro para ver se avança na vida."

Fala sério! Quem teria interesse em me conhecer depois de uma abordagem assim?

**"AS PESSOAS NÃO REJEITAM O DESENVOLVIMENTO, ELAS REJEITAM A FORMA COMO ELE É APRESENTADO."**

A verdade é que o problema não está no crescimento em si, mas na forma como ele é proposto.

**"O CRESCIMENTO NÃO PODE SER IMPOSTO, MAS PODE SER INSPIRADO."**

Desenvolvimento não pode ser imposto; ele precisa ser despertado. As pessoas não rejeitam o crescimento, elas rejeitam a sensação de serem invalidadas ou diminuídas.

**"O CONVITE PARA CRESCER DEVE SER UM CHAMADO, NÃO UMA IMPOSIÇÃO."**

Se você deseja que alguém ao seu redor cresça junto com você, mude sua abordagem. Em vez de impor, inspire. Em vez de criticar, motive. Porque o crescimento verdadeiro acontece quando a mudança é desejada, não forçada.

Além disso, cometemos erros básicos nos relacionamentos sem sequer perceber.

Quantos casamentos desmoronam porque um dos cônjuges parou de valorizar os pequenos gestos?

Um bom-dia esquecido, um elogio não dito, um momento de atenção negado... são detalhes que parecem insignificantes, mas que, com o tempo, se tornam rachaduras profundas.

Relacionamentos não fracassam de um dia para o outro, mas, sim, pela negligência diária do essencial.

Já completei 27 anos de casamento com minha esposa, Luciana, e posso garantir: cometi muitos erros ao longo desse tempo juntos, especialmente nos primeiros quinze anos.

E por que menciono os primeiros quinze anos? Porque foi a partir daí que me converti e comecei a estudar Gestão Emocional. Foi nesse momento que comecei a enxergar o que antes parecia invisível para mim.

Erros básicos, como acreditar que era responsabilidade exclusiva da Luciana cuidar da casa e que, ao chegar do trabalho, eu deveria encontrar tudo limpo e minha comida pronta.

Ou pensar que, por eu trabalhar fora e ela ficar em casa, o meu esforço era maior do que o dela.

Tinha dificuldade de ouvir minha esposa, pois acreditava que, por ela não trabalhar fora, não poderia acrescentar nada em conversas sobre determinados assuntos.

A verdade é que a maioria dos relacionamentos não falha por falta de amor, mas por falta de cuidado.

Não é o grande escândalo que destrói, mas, sim, os pequenos descuidos diários. Não é a tempestade que leva a casa ao chão, mas as infiltrações ignoradas por tempo demais.

Se você deseja um relacionamento forte, pare de procurar fórmulas mágicas e comece a praticar o óbvio.

Valorize quem está ao seu lado, demonstre gratidão, comunique-se com clareza, resolva conflitos sem fugir deles, faça com que a pessoa se sinta cuidada por você. Porque no fim das contas, não se trata de fazer muito, mas de fazer o que realmente importa. O importante é fazer o básico.

Relacionamentos não precisam ser complicados para serem profundos. O que destrói laços não é a ausência de palavras bonitas, mas, sim, a falta de atitudes verdadeiras. O básico bem feito nunca será insignificante, pelo contrário, é o que faz tudo valer a pena.

A verdade é que "tolos" são especialistas em cometer erros básicos.

E, por muito tempo, eu era um "tolo" que se achava muito esperto, achava que sabia e que as coisas eram como eu imaginava.

E por ser assim, eu cometia um erro que me prejudicava muito no meu relacionamento com a Luciana: **acreditar, com plena certeza, que eu era um bom marido e que éramos uma família perfeita.**

Havia duas coisas que eu não percebia por causa da certeza que carregava: primeira, eu não era o bom marido que achava ser e estava longe de ser o que a Luciana considerava como um "bom marido". Segunda, era acreditar que nossa família era perfeita.

Com o passar dos anos, entendi que família perfeita é aquela que é imperfeita.

Em outras palavras, a família perfeita é a nossa, porque ela é imperfeita, e, por abraçarmos as imperfeições que ela tem, ela se torna perfeita!

Porém, o maior *insight* que tive foi perceber que caminhar com a certeza de que sabia tudo era um dos piores erros que eu cometia.

Durante 35 anos da minha vida, vivi acreditando que sabia tudo, e nos últimos onze anos caminho com a certeza de que não sei nada. E pretendo continuar assim, pois isso me permite aprender algo novo quase todos os dias.

Aprendi, na prática, que as certezas que carregamos, em determinados momentos da vida, podem nos tornar cegos e surdos. E, sem perceber, cometemos erros simples, mas que geram impactos profundos.

Os erros básicos que cometemos nos relacionamentos vão além do nosso relacionamento conjugal.

Quantas amizades são perdidas porque o orgulho impede um simples pedido de desculpas?

Por que a falta de tempo virou desculpa para a ausência?

Por que a comparação sufocou a admiração?

**"PEQUENAS ATITUDES CONSTROEM GRANDES CONEXÕES, E A AUSÊNCIA DELAS DESTRÓI ATÉ OS LAÇOS MAIS FORTES."**

Quantas relações profissionais são desgastadas simplesmente porque a comunicação foi substituída pela suposição?

Gosto sempre de frisar isto: quando alguém fica sem informação, inevitavelmente começa a criar suposições. E o problema é que, na maioria das vezes, essas suposições seguem por caminhos completamente opostos à realidade.

O silêncio gera interpretações, e interpretações distorcidas geram conflitos desnecessários. A ausência de clareza abre espaço para insegurança, desconfiança e até ressentimento.

Quantos líderes perdem a credibilidade porque seus colaboradores sentem que não são informados o suficiente?

Quantos funcionários tomam decisões erradas porque receberam informações incompletas?

Quantas parcerias são desfeitas porque um lado supôs algo que nunca foi verdade?

Se você quer fortalecer suas relações, sejam profissionais ou pessoais, elimine o terreno fértil das suposições. Escolha a transparência, priorize o diálogo e nunca subestime o poder de uma boa conversa.

Deixar uma pessoa sem informação, o que pode levar a suposições, também é considerado um erro básico.

Mas quero agora ser bem direto com você e mostrar erros básicos que você está cometendo em seus relacionamentos sem perceber; e é muito importante corrigi-los o quanto antes.

## DEZ ERROS BÁSICOS NOS RELACIONAMENTOS E COMO CORRIGI-LOS

### 1. Falta de escuta ativa

Muitas pessoas ouvem para responder, não para compreender.

Para corrigir isso, você precisa praticar a escuta ativa, prestando atenção realmente ao que a outra pessoa está dizendo, sem interromper.

Isso vai fazer você se conectar verdadeiramente à pessoa, proporcionando um momento agradável ao seu lado.

### 2. Suposições em excesso

Achar que sabe o que o outro pensa ou sente sem perguntar é um erro comum.

Por isso é importante que você pergunte diretamente e evite criar histórias na sua cabeça. Lembre-se de que somos especialistas em contar histórias, principalmente dentro da nossa mente, para nós mesmos.

### 3. Falta de reconhecimento

Pequenos gestos de gratidão e reconhecimento são fundamentais.

Um "obrigado" sincero pode fortalecer vínculos de forma surpreendente, além de cativar a pessoa; porém, faça isso de coração, e não apenas porque estou dizendo aqui. Tudo o que você faz de coração a outra pessoa sente, e isso provoca um impacto na vida dela.

### 4. Não gerenciar expectativas

Muitas frustrações surgem por expectativas irreais, que geramos em excesso.

Seja claro sobre o que espera e o que pode oferecer, isso vai fazer com que as pessoas não imaginem mais do que deveriam. Comunicar-se com clareza e transparência é um dos segredos do bom relacionamento.

### 5. Comunicação defensiva

Reagir com agressividade ou vitimismo diante de um *feedback* destrói a conversa.

Aprenda a responder com maturidade e abrace o aprendizado. É muito difícil ser criticado mesmo que seja por meio do *feedback*, mas é importante você processar o que está sendo dito e avaliar se faz sentido. Se não fizer, descarte, mas nunca fique em uma posição defensiva.

### 6. Falta de tempo de qualidade

Presença física não é presença emocional.

Muitas pessoas confundem isso e acham que só porque estão presentes fisicamente já é o suficiente, mas garanto que não é. Separe momentos reais para fortalecer seus relacionamentos sem distrações. Assim você vai criar memórias emocionais que fortalecem o relacionamento com as pessoas que você ama.

## 7. Evitar conversas difíceis

Adiar ou evitar discussões necessárias apenas acumula problemas.

Dependendo do seu temperamento, entendo que você tenha dificuldade em ter conversas difíceis e vai fazer de tudo para evitá-las, porém, o melhor caminho sempre será "encarar os desafios com rapidez, respeito e clareza".

## 8. Excesso de críticas e julgamentos

Se tudo o que você diz é negativo, a outra pessoa se afastará.

Não é possível manter um relacionamento com alguém que só critica ou que fala mal, por isso você precisa fazer algo importante: equilibre críticas com elogios e *feedbacks* construtivos, assim você conseguirá ter um relacionamento saudável com a pessoa.

## 9. Egoísmo no relacionamento

Relacionamentos são uma via de mão dupla.

Se tudo gira em torno de você, há um problema. Você dificilmente vai construir relacionamentos saudáveis e, principalmente, duradouros. Por isso aprenda a ceder em alguns momentos e a plantar o que gostaria de colher. Temos que proporcionar momentos agradáveis para quem está ao nosso lado.

## 10. Falta de perdão

Guardar ressentimentos enfraquece qualquer vínculo.

A falta de perdão faz a sua mochila se tornar mais pesada. Como já citei no primeiro capítulo, o que talvez você ainda não tenha entendido é que o perdão não tem a ver com o outro, mas, sim, com você. Não perdoar quem o feriu prejudica única e exclusivamente a você. Por isso perdoe hoje todas as pessoas que, de alguma maneira, fizeram algum mal a você.

Uma coisa muito importante que eu quero que você entenda agora sobre os relacionamentos é a maneira correta de tratar as pessoas. Isso tem até um nome: "Regra de Ouro".

## REGRA DE OURO: O PODER DE TRATAR OS OUTROS COMO GOSTARÍAMOS DE SER TRATADOS

Em um mundo onde as relações humanas se tornam cada vez mais complexas, um princípio ensinado por Jesus permanece atemporal e essencial para a construção de conexões saudáveis:

> "E como vós quereis que os homens vos façam, da mesma maneira lhes fazei vós também." (Lucas 6:31)

Essa é a Regra de Ouro, um dos ensinamentos mais poderosos da Bíblia, capaz de transformar qualquer ambiente, seja na família, nos negócios, nos relacionamentos de amizade ou mesmo em interações casuais do dia a dia.

Mas, por mais simples que pareça, poucas pessoas realmente aplicam esse princípio de forma consciente.

Pense em quantas vezes nos sentimos frustrados por não recebermos o respeito, a atenção ou a consideração que julgamos merecer.

Agora, reflita: será que estamos oferecendo esses mesmos valores aos outros?

É fácil exigir paciência, compreensão e empatia, mas quantas vezes demonstramos essas qualidades primeiro?

Este ano completo vinte anos como líder e gestor, e uma coisa que sempre priorizei foi o respeito pelas pessoas, porque sempre gostei de ser respeitado.

Eu me recordo de uma vez, quando trabalhava como gerente em uma loja de móveis, em que um cliente chegou muito nervoso porque o seu móvel ainda não tinha sido entregue, apesar de estar dentro do prazo. Talvez pelo temperamento ou por não estar em um bom dia, ele me tratou muito mal e com muita falta de respeito, falando palavras de baixo calão.

Não sou uma pessoa calma, mas sou uma pessoa equilibrada, e quanto mais ele gritava e me tratava mal, mais eu falava baixo e o tratava bem. Para resumir a história, ele me pediu perdão pela maneira como me tratou, dizendo que não devia ter feito aquilo, e saiu da loja constrangido. Além disso, não cancelou o pedido e aguardou o prazo que a empresa havia passado.

Usei esse exemplo, mas já tive várias experiências como essa, porque aprendi que, quando alguém o trata mal, você tem duas opções: tratar a pessoa da mesma maneira, e na minha visão isso o torna pior do que ela, porque ela foi agressiva e você quis fazer o mesmo, ou tratar a pessoa de modo oposto, mostrando a ela que você é diferente e ensinando-lhe, na realidade, como se deve tratar as pessoas.

A verdade é que o modo como tratamos as pessoas se reflete diretamente na maneira como seremos tratados. Quando nos comunicamos com respeito, quando ouvimos de verdade e quando estendemos a mão sem esperar nada em troca, criamos um ambiente em que essa mesma atitude se multiplica. Por outro lado, quando agimos com indiferença, arrogância ou egoísmo, inevitavelmente colhemos os frutos dessas ações.

Nos relacionamentos profissionais, essa regra se torna ainda mais evidente. Um líder que deseja respeito precisa, antes de tudo, tratar sua equipe com respeito. Um funcionário que quer reconhecimento deve primeiro se empenhar em agregar valor ao seu ambiente de trabalho. O mesmo princípio se aplica ao casamento, à amizade e até às interações mais simples, como um atendimento ao cliente ou uma conversa com um desconhecido.

Jesus não apenas ensinou essa regra, mas também a viveu de forma plena. Ele tratava os rejeitados com dignidade, os pecadores com misericórdia e os seus discípulos com paciência e amor. Se queremos um mundo mais justo, mais humano e mais equilibrado, precisamos começar por nós mesmos, colocando em prática esta verdade: trate o outro da mesma forma que gostaria de ser tratado.

E se cada um de nós assumisse essa postura diariamente? Imagine como os relacionamentos mudariam. Menos conflitos, menos ressentimentos, mais compreensão e mais harmonia. Esse não é apenas um ensinamento bíblico, mas um princípio que pode revolucionar a forma como vivemos e nos relacionamos com o mundo.

Que possamos escolher sempre o caminho do respeito, da empatia e do amor, não esperando primeiro dos outros, mas sendo os primeiros a agir conforme aquilo que desejamos receber.

## DEZ PRÁTICAS PARA RELACIONAMENTOS SAUDÁVEIS

1. Desenvolva a inteligência emocional – entenda e gerencie suas emoções para se relacionar melhor com os outros.
2. Seja transparente e autêntico – a base de um relacionamento saudável é a verdade. Não faça jogos emocionais.
3. Demonstre validação e apoio – reconheça os sentimentos e as conquistas da outra pessoa, mostrando que você se importa.
4. Mantenha o diálogo aberto – criar espaço para conversas sinceras evita acúmulo de ressentimentos.
5. Seja um bom ouvinte – ouça com atenção, sem julgar ou interromper.
6. Aprenda a gerenciar conflitos – eles fazem parte da vida, mas precisam ser resolvidos de maneira madura e respeitosa.
7. Demonstre carinho e atenção – pequenos gestos de carinho mantêm as relações vivas e fortalecidas.

8. Respeite o espaço do outro – não sufocar a outra pessoa é essencial para um relacionamento equilibrado.
9. Pratique o perdão constantemente – o perdão é uma escolha diária e essencial para evitar acúmulo de ressentimentos.
10. Tenha paciência e persistência – relações exigem dedicação e tempo para serem fortalecidas.

**"A VERDADEIRA FORÇA DE UM RELACIONAMENTO ESTÁ NOS DETALHES, QUE MUITOS NEGLIGENCIAM E POUCOS TÊM CORAGEM DE CULTIVAR."**

O básico bem feito nos relacionamentos transforma vidas. O que muitos consideram como "detalhes insignificantes" constitui, na verdade, os alicerces para conexões duradouras. Que possamos aprender a valorizar o essencial e construir relações saudáveis, fortalecendo nossa vida emocional e profissional.

## UMA DECISÃO QUE MUDA TUDO

A qualidade dos seus relacionamentos é o reflexo direto da importância que você dá ao básico. Muitas vezes, passamos a vida buscando soluções complexas para os problemas que enfrentamos nas relações pessoais e profissionais, enquanto a resposta está justamente na simplicidade das pequenas atitudes diárias. Não são grandes eventos ou presentes caros que sustentam um relacionamento sólido; são os detalhes cotidianos, aparentemente insignificantes, que constroem os pilares das conexões duradouras.

Este é o momento de você tomar a decisão e passar a olhar com sinceridade para suas atitudes, suas escolhas e a forma como você tem tratado quem está ao seu redor.

É hora de perceber que cada gesto, cada palavra e cada momento compartilhado é uma oportunidade única de fortalecer laços ou de enfraquecê-los. Escolher focar no básico significa priorizar a escuta ativa, a empatia verdadeira, o reconhecimento constante e o perdão genuíno – aquele dado de coração.

"As palavras agradáveis são como favo de mel: doces para a alma e medicina para o corpo." (Provérbios 16:24)

As palavras têm um poder imenso, especialmente aquelas ditas com cuidado e gentileza. O versículo acima destaca claramente isso, mostrando que o básico, como falar com carinho e sabedoria, pode curar feridas e fortalecer corações. Que possamos nos lembrar diariamente dessa verdade, escolhendo nossas palavras com atenção, pois é nos detalhes mais simples que grandes relacionamentos são construídos e restaurados.

Investir no simples é decidir conscientemente valorizar cada detalhe da convivência diária, sabendo que são esses detalhes que farão seus relacionamentos crescerem e florescerem de forma saudável e consistente. Não adie essa decisão para amanhã, pois a vida acontece agora. Cada minuto é uma chance que você tem de melhorar, de transformar suas conexões e de construir relacionamentos extraordinários.

**"O BÁSICO FEITO COM INTENÇÃO CRIA VÍNCULOS QUE O EXTRAORDINÁRIO FEITO SEM CUIDADO JAMAIS PODERÁ ALCANÇAR."**

Faça do básico uma prática constante em sua vida, pois são os hábitos simples, repetidos com intenção e carinho, que criarão vínculos poderosos e duradouros. Escolha hoje mesmo dar importância ao essencial e perceba como seus relacionamentos irão prosperar, trazendo satisfação emocional e sucesso em todas as áreas da sua vida.

O que você fará agora será determinante para o futuro das suas relações. Lembre-se sempre: o básico bem feito não apenas transforma conexões, ele transforma vidas.

Que você escolha sempre a simplicidade, o cuidado genuíno e a constância diária, pois esses são os segredos para alcançar relacionamentos profundos, significativos e duradouros. Afinal, são os detalhes simples que escrevem as histórias mais extraordinárias.

A decisão está em suas mãos!

CAPÍTULO 5

# OS SEGREDOS BÁSICOS DE UM GRANDE LÍDER

**S**e você acha que não é líder, **então este capítulo é exatamente o que você mais precisa ler!**

"A VERDADEIRA LIDERANÇA NÃO COMEÇA QUANDO VOCÊ COMANDA OS OUTROS, MAS QUANDO APRENDE A COMANDAR A SI MESMO."

Hoje, mais do que nunca, existe uma verdadeira corrida por técnicas modernas, métodos inovadores e estratégias mirabolantes de liderança. Nos livros, nas palestras, nos cursos... todos estão em busca daquele segredo "revolucionário" que vai transformar alguém em um líder extraordinário da noite para o dia.

Mas deixa eu contar a você um fato: **a verdadeira força da liderança está no simples**. Está no básico bem feito.

Não é à toa que, quando uma equipe ou empresa entra em crise, a primeira recomendação é: **"Vamos voltar para o básico"**. Voltar para a essência. Para o que realmente funciona.

Assim como um atleta de elite constrói seu sucesso praticando **incansavelmente os fundamentos** – o passe certo, a respiração, o posicionamento, a repetição –, o líder de verdade se forma por meio **de atitudes pequenas, consistentes e intencionais**, feitas todos os dias.

É no **"feijão com arroz" da liderança** que surgem os grandes diferenciais.

E aqui já deixo uma questão para você refletir: "Você tem feito o seu feijão com arroz?".

Talvez, neste momento, você esteja pensando: *"Ah, mas eu não sou líder…"*. E eu pergunto a você: **quem lhe disse isso?**

A primeira liderança que todos precisamos aprender a exercer é a **liderança sobre nós mesmos**. É liderar **suas emoções, suas escolhas, seu tempo, seu lar.**

Antes de liderar qualquer pessoa, você precisa aprender a liderar sua **própria vida.**

E mais: se você tem uma família, já está liderando o seu **primeiro ministério.**

**"Liderar não se refere a posição, refere-se a responsabilidade com as pessoas que caminham ao seu lado."**

Por isso, quero que você leia este capítulo com atenção redobrada.

O primeiro erro básico que muitos cometem é achar que liderança tem a ver **exclusivamente com resultados, números ou cargos.**

**Não!**

**Liderança tem tudo a ver com pessoas.**

E tudo o que você faz na vida, em algum momento, se conecta com pessoas.

- Quando educa um filho, você está liderando.
- Quando você orienta um amigo, está liderando.
- Quando assume a responsabilidade por um ambiente, você está liderando.
- Quando alguém se espelha em você, mesmo sem você perceber... você já está liderando.

Se você convive com pessoas, já exerce liderança.

A pergunta é: **você está liderando com consciência, ou apenas reagindo ao que acontece?**

Pense em líderes que você admira. Provavelmente não são os que fazem malabarismos complexos ou discursos cheios de jargões complicados, mas, sim, aqueles que demonstram coerência, respeito e constância no dia a dia. São líderes que escutam antes de falar, que cumprimentam a todos pelo nome, que cumprem o que prometem e dão o exemplo.

Essas ações podem parecer banais, mas constituem a base sólida sobre a qual a confiança e a influência são construídas.

Além disso, os primeiros líderes que admiramos são aqueles com quem temos contato – nossos pais, professores, líderes de empresas e até mesmo conselheiros e mentores.

Este capítulo explora "os segredos básicos de um grande líder" em profundidade. Veremos exemplos práticos de como pequenas ações diárias geram grande impacto em diferentes contextos – do ambiente empresarial ao ministerial, do círculo familiar à comunidade. Iremos desvendar a essência da liderança simples e eficaz, mostrando que métodos complicados não substituem valores como caráter, clareza e coerência.

Também traremos princípios que a Bíblia nos ensina sobre liderança, até porque o maior líder que já existiu é Jesus Cristo, por isso não tem como não mencionar os seus ensinamentos.

Cada página é um convite para redescobrir que o poder da liderança não está em fazer muitas coisas, mas, sim, em fazer bem as coisas mais importantes. Ao término deste capítulo, você terá em mãos não apenas conceitos, mas também motivações claras para aplicar o básico de forma consistente e, assim, ver sua influência crescer de maneira genuína e duradoura.

## O PODER DO BÁSICO NO COTIDIANO DA LIDERANÇA

A liderança se manifesta nas pequenas ações do dia a dia. Não é apenas nos grandes momentos de decisão ou nos discursos inspiradores que um líder prova seu valor – na verdade, a liderança verdadeira transparece nos gestos cotidianos, muitas vezes imperceptíveis para quem olha de fora. Seja no escritório, na igreja, em casa ou na comunidade, são as atitudes básicas repetidas consistentemente que moldam a confiança e inspiram outros a seguir. Vamos explorar alguns contextos distintos para ver como o poder do básico opera em cada um deles.

Lembro-me da primeira loja que assumi como líder. Eu era gerente de uma loja que pertencia a uma grande rede moveleira.

No meu primeiro dia de apresentação, já precisei conduzir uma reunião importante. E, para piorar, eu trazia notícias que não eram nada boas: a empresa havia reduzido a tabela de comissões, e isso naturalmente impactaria a motivação da equipe.

Além disso, havia um vídeo que precisava ser exibido para toda a equipe – uma mensagem gravada diretamente pelo dono da empresa, cujo conteúdo também não era muito promissor, então já dá para imaginar a reação da equipe ao assistir.

Depois de cumprir os protocolos, transmitir as informações e concluir o "roteiro corporativo", mudei minha postura. Foi ali que saí do modo "gerente" e entrei no modo "líder".

E por que faço essa distinção? Porque aprendi na prática que ser gerente é uma função, mas ser líder é uma decisão.

Enquanto o gerente transmite ordens, o líder inspira.

Enquanto o gerente foca em processos, o líder cuida de pessoas.

Enquanto o gerente executa, o líder influencia.

Naquele contexto, eu tinha um cargo de gerente. Mas o que eu buscava era algo maior: tornar-me um verdadeiro líder.

**"PESSOAS QUE EXERCEM CARGOS DÃO ORDENS, LÍDERES DE VERDADE DÃO DIREÇÃO!"**

O cargo pode ser dado por uma empresa. A liderança precisa ser conquistada no coração das pessoas.

Ter um cargo é ter autoridade no crachá. Ter liderança é ter respeito no olhar de quem o segue.

Como gerente, eu sabia que poderia me limitar à função. Mas se me tornasse um líder de verdade, carregaria algo que ninguém poderia tirar de mim: a habilidade de gerar resultados por meio de pessoas.

Todos os dias, vemos pessoas perdendo empregos porque têm cargos. Mas os verdadeiros especialistas dificilmente ficam fora do mercado. Quem se torna especialista e faz seu trabalho com excelência se torna necessário em qualquer ambiente.

Além disso, liderar sempre foi um sonho para mim. Eu não queria apenas comandar, mas cuidar, desenvolver e transformar pessoas. E aquela era a minha oportunidade.

Diante da equipe, falei com o coração:

> "Temos duas opções: a primeira é nos prendermos à frustração, questionar por que a tabela de comissões mudou e reclamar daquilo que não está no nosso controle; a segunda é olhar para o que temos e criar um novo plano de ação para, dentro da realidade, alcançarmos o melhor resultado possível."

Fui transparente. E então disse algo que carrego até hoje como um princípio de liderança:

> "Vocês não precisam confiar em mim agora. A confiança é construída com o tempo. Vocês também não precisam de mim para vender.

Mas eu preciso de vocês para que a loja bata a meta, cresça e alcance resultados. E mais do que isso, eu acredito em vocês."

Esse foi o meu primeiro discurso como líder. Não foi técnico. Não foi decorado. Foi de coração.

E eu acredito profundamente nisto: "Tudo o que é feito com o coração atinge o coração das pessoas".

Naquele momento, entendi que liderança é entregar direção com verdade, mas também com humildade e humanidade.

Não é ter todas as respostas.

É ter presença, postura e sensibilidade.

**"LÍDERES NÃO TÊM TODAS AS SOLUÇÕES, MAS CARREGAM A RESPONSABILIDADE DE NÃO FUGIR DA REALIDADE."**

Naquele dia, assumi o cargo de gerente da loja.

Mas também começava o meu processo de me tornar um líder de verdade.

O resultado daquele momento foi simples e poderoso: eles sentiram verdade nas minhas palavras. E, por causa disso, me permitiram entrar no território mais precioso de qualquer ambiente de liderança: a conexão.

Um dos princípios mais importantes que aprendi, ainda antes de me tornar líder, foi que não são os liderados que precisam se conectar com o líder; é o líder que precisa se conectar com os liderados.

**"A AUTORIDADE PODE VIR DO CARGO, MAS A INFLUÊNCIA NASCE DA CONEXÃO."**

Se você sair por aí perguntando às pessoas qual é o maior desafio que elas enfrentam – no trabalho ou na vida –, uma resposta muito comum será: "Lidar com pessoas".

E por que isso é tão difícil?

Simples. Porque as pessoas são diferentes umas das outras.

Pensam diferente.

Sentem diferente.

Reagem de forma diferente.

Não há uma fórmula única para todos.

**"LIDERAR SERIA FÁCIL SE TODOS FOSSEM IGUAIS. MAS SE TODOS FOSSEM IGUAIS, NÃO HAVERIA NECESSIDADE DE LIDERANÇA."**

Quando você realmente entende isso, está pronto para iniciar o processo de se tornar um líder de verdade. Porque a primeira coisa que muda dentro de você é o olhar.

Você passa a respeitar as diferenças.

Você aprende a ouvir opiniões contrárias sem se ofender.

Você começa a entender que liderar não é moldar as pessoas à sua imagem, mas reconhecer o valor da singularidade de cada um.

Este é um dos pilares mais básicos e mais esquecidos da liderança: respeitar as pessoas pelo que elas são, não pelo que você gostaria que elas fossem.

No contexto corporativo, muitos grandes líderes atribuem seu sucesso a esses fundamentos simples.

Um CEO pode ter uma visão estratégica brilhante, dominar o mercado e conhecer cada detalhe do negócio, mas, se ele não souber lidar bem com as pessoas no dia a dia, tudo o que construiu pode desmoronar.

Não são as grandes ideias que sustentam um líder, são os pequenos gestos consistentes.

"Não é o discurso que gera respeito, é o comportamento constante."

Por exemplo:

Se um líder costuma ser pontual, ele comunica responsabilidade.

Se cumpre prazos, ele inspira comprometimento.

Se promete algo e cumpre, mesmo que seja uma simples folga ou um recurso solicitado, ele transmite confiança.

Mas se falha nesses pontos, por menores que pareçam, o resultado é previsível: desconfiança, desmotivação e distanciamento da equipe.

"QUANDO O BÁSICO NÃO É FEITO, O EXTRAORDINÁRIO PERDE O EFEITO."

E isso acontece independentemente das ideias brilhantes ou dos projetos grandiosos que ele tenha.

Cumprir o que promete, ser disciplinado, organizado, transparente – tudo isso é uma forma de respeitar as pessoas que convivem com você.

É dizer com atitudes: **"Você importa. Eu me importo com você".**

E é aqui que a liderança deixa de ser um cargo e se torna um compromisso com o outro.

## O PODER DO BÁSICO NA LIDERANÇA FAMILIAR

Dentro de casa, o poder do básico na liderança talvez seja ainda mais visível e mais impactante.

Pais e mães exercem liderança diariamente, mesmo sem perceber.

E, ao contrário do que muitos pensam, não são os grandes discursos que educam, mas as pequenas atitudes constantes que formam caráter, valores e vínculos.

Um simples gesto, como sentar todos os dias por cinco ou dez minutos e perguntar ao filho como foi o dia, pode construir um canal de confiança tão profundo que se tornará decisivo nos momentos mais difíceis da vida, como na adolescência ou nas grandes decisões da vida adulta.

"PRESENÇA CONSTANTE VALE MAIS QUE PALAVRAS ESPORÁDICAS."

Nessa questão, eu mesmo cometi erros básicos durante a criação dos meus filhos.

Sempre procurei dar atenção a eles, mas, com o tempo, percebi que o que eu achava que estava entregando não era necessariamente o que eles estavam recebendo.

Aprendi que o tempo é algo que não se recupera, e foi estudando sobre gestão emocional e autoconhecimento que percebi algo ainda mais profundo:

Mesmo sendo um bom pai aos olhos deles, eu poderia ter sido ainda melhor se tivesse valorizado mais o tempo e as fases que não voltam.

Foi então que decidi mudar meu posicionamento e meu estilo de liderança dentro de casa. Passei a me policiar e tomei uma decisão consciente: eu queria ser amigo dos meus filhos.

Porque ser apenas o pai na forma tradicional às vezes se tornava algo pesado.

Para eles, era muito mais prazeroso estar com o Cleiton amigo do que com o Cleiton pai.

Existem momentos em que o "pai" precisa dar espaço para o "amigo".

Recentemente, fizemos uma viagem em família para os Estados Unidos. Eu tinha compromissos com treinamentos, mas decidimos tirar dez dias para aproveitar os parques da Universal e da Disney.

Nos dois primeiros dias, confesso que cometi um erro básico: levei o Cleiton pai para o parque.

O Cleiton pai ficava o tempo todo chamando a atenção sobre o que eles estavam comendo, controlando horários, opinando sobre decisões que eles mesmos poderiam tomar.

Só que tem um detalhe: meus dois filhos já são casados e têm suas próprias famílias.

Até que meu filho mais novo, Artur, disse algo que me desconcertou: "Está muito tenso comer perto do pai por causa do olhar de julgamento dele".

Aquilo me bateu forte. Pensei: "*Foi para isso que organizamos essa viagem em família? Foi para isso que tiramos dez dias fora do país? Foi para isso que eles decidiram estar conosco*?".

Claro que não.

Depois de uma conversa com a Luciana, decidi reunir todos à mesa e pedir perdão.

Pedi desculpas até mesmo à Luciana, por ter pegado no pé dela só porque ela quis comer mais um pedaço de pizza.

Fui transparente, aproveitei que estávamos todos à mesa e disse: "Peço que me perdoem, vou me policiar para não ser o pai chato, e sim o amigo. E não é que não vou falar mais nada porque não estou nem aí, mas, sim, porque sei que preciso mudar para não estragar a nossa viagem".

Talvez você pense: "*Mas, Cleiton, você só estava tentando cuidar da saúde deles*!".

Sim, mas cuidar não pode se tornar controle disfarçado.

O peso emocional de um olhar de julgamento pode marcar mais do que um hambúrguer fora de hora.

Eu não queria que eles se lembrassem dessa viagem como um tempo em que se sentiram vigiados ou reprimidos.

O que destrói uma memória não é o que foi feito, mas o como foi vivido.

A partir daquele pedido de perdão, eu me comprometi. E confesso que não foi fácil, mas acredito que consegui!

O pai queria entrar em cena várias vezes, mas o amigo estava determinado a não deixar que ele tomasse o controle.

Qual é a diferença entre o Cleiton pai e o Cleiton amigo?

O Cleiton pai cobra sem necessidade, está sempre com o semblante sério, se preocupa de forma exagerada e tem dificuldade de relaxar, enquanto o Cleiton amigo ri mais, participa das conversas, é leve, acessível, e ajuda a criar memórias que os filhos querem repetir.

Essa é a chave da liderança dentro de casa: em determinados momentos, seu filho ou filha precisa mais dos pais sendo amigos, e não controladores.

"A AUTORIDADE IMPOSTA AFASTA. A PRESENÇA LEVE APROXIMA."

Depois que entendi isso, meu relacionamento com meus filhos e com as minhas noras mudou completamente. Passamos a ter conversas mais leves, espontâneas, respeitosas. O ambiente em casa se tornou mais acolhedor.

Uma vez, assisti a um vídeo de um americano que dizia: "Felicidade, para mim, é quando meus filhos poderiam ir, mas decidem ficar".

Aquilo me arrepiou.

Porque, sem perceber, isso já vinha acontecendo com a minha família.

Meus filhos têm liberdade. Têm vida própria. Têm suas rotinas.

Mas, com frequência, eles escolhem estar aqui em casa aos domingos, conversando, rindo, compartilhando como bons amigos.

"FAMÍLIA NÃO É OBRIGAÇÃO. É ESCOLHA."

E se hoje eles escolhem estar comigo, é porque encontraram um ambiente leve e acolhedor. Isso é liderança. Liderar pelo exemplo. Liderar pelo amor. Liderar pela leveza.

Este é um conselho simples, mas poderoso: seja amigo das pessoas que você ama.

- Seja amigo do seu cônjuge.
- Seja amigo dos seus filhos.
- Seja amigo dos seus pais.
- Seja amigo das pessoas que caminham com você.

"RELACIONAMENTOS LEVES GERAM MEMÓRIAS ETERNAS."

A liderança começa no lar.

E no básico da convivência nasce o extraordinário da comunhão.

"AMIZADE DENTRO DE CASA É A BASE DE UMA FAMÍLIA SAUDÁVEL."

## A LIDERANÇA DE JESUS: O EXTRAORDINÁRIO NO BÁSICO

Falar sobre liderança e não olhar para o exemplo de Jesus é ignorar a maior referência que já existiu. Ele não liderava por imposição, por status ou por necessidade de validação. Jesus liderava a partir da verdade, do serviço, da simplicidade e do amor.

O que torna sua liderança ainda mais impactante é que Ele fazia o básico de forma tão intencional que transformava ambientes, restaurava corações e levantava futuros líderes.

O extraordinário de Jesus estava exatamente aí: no poder do básico feito com propósito.

Quero compartilhar com você sete pontos que me chamam a atenção na liderança de Jesus, e ao final de cada tópico quero deixar algumas perguntas para promover uma reflexão.

## 1. Jesus liderava com presença, não apenas com palavras

Jesus caminhava com as pessoas. Ele se fazia presente. Ele tocava, olhava nos olhos, ouvia com atenção. Sua autoridade não vinha do tom de voz, mas do quanto Ele se envolvia com o outro.

Em Mateus 14:14, diz: "E Jesus, vendo a multidão, teve grande compaixão deles...".

A liderança de Jesus não era construída com discursos distantes, mas com atitudes próximas.

Presença não é estar no mesmo ambiente; é estar atento, inteiro, disponível.

**"UM LÍDER AUSENTE FÍSICA OU EMOCIONALMENTE JAMAIS GERARÁ UMA CONEXÃO VERDADEIRA."**

**Reflita e responda:**

1. Você está mais ocupado mandando mensagens ou realmente ouvindo as dores das pessoas que estão ao seu lado?

..........

..........

..........

2. Sua presença alivia ou pressiona? Traz paz ou peso?

..........

..........

..........

## 2. Jesus se importava com quem ninguém via

Enquanto os religiosos da época estavam focados em status e aparência, Jesus se aproximava de quem estava à margem. Ele não fazia acepção. Ele enxergava valor onde outros viam falha.

Zaqueu, a mulher samaritana, os leprosos, as crianças... todos foram acolhidos e vistos por Ele.

Em Lucas 19:5, Jesus diz: "Zaqueu, desce depressa, porque hoje me convém pousar em tua casa".

Isso foi algo que trouxe um grande impacto para a multidão. Como assim? Jesus vai se hospedar na casa de um pecador?

Liderança que ignora os invisíveis é liderança que fracassa em essência.

"LIDERAR É ENXERGAR QUEM O MUNDO IGNORA."

**Reflita e responda:**

1. Você consegue enxergar valor nas pessoas que o sistema ignora?

........................................................................................................

........................................................................................................

........................................................................................................

2. Sua liderança inclui quem está à margem ou só quem entrega resultado?

## 3. Jesus ensinava com simplicidade e profundidade

Jesus falava sobre o Reino dos Céus usando exemplos do dia a dia: sementes, casas, ovelhas, pescadores. Ele tornava o eterno acessível.

Em Mateus 13:31, Ele diz: "O Reino dos Céus é semelhante ao grão de mostarda...".

Ele não complicava para parecer mais sábio. Ele simplificava para ser compreendido.

A sabedoria não está em parecer profundo, mas em ser claro.

"O LÍDER EFICAZ NÃO IMPRESSIONA, ELE TRANSFORMA."

**Reflita e responda:**

1. Você complica para parecer mais preparado ou simplifica para gerar transformação?

2. Seus liderados saem das suas reuniões cheios de dúvidas ou cheios de esclarecimento?

## 4. Jesus corrigia com amor e direcionava com verdade

Quando a mulher foi pega em adultério, a multidão queria justiça. Jesus ofereceu misericórdia. Ele a defendeu, mas não anulou a verdade. Ele a perdoou e disse: "Vai e não peques mais" (João 8:11).

Jesus sabia confrontar sem ferir e corrigir sem humilhar.

Quem lidera com justiça, mas sem compaixão, afasta.

Quem lidera com amor, mas sem direção, confunde.

Jesus fazia os dois: curava e guiava.

"A LIDERANÇA MADURA É AQUELA QUE CONFRONTA O ERRO COM FIRMEZA, MAS SEM PERDER A TERNURA."

**Reflita e responda:**

1. Quando corrige alguém, você se preocupa em restaurar ou apenas em mostrar que está certo?

2. As pessoas o respeitam por medo ou seguem-no por confiança?

.................................................................................................

.................................................................................................

.................................................................................................

## 5. Jesus liderava pelo exemplo, não pela imposição

Antes de ensinar sobre servir, Jesus se ajoelhou e lavou os pés dos seus discípulos.

Em João 13:14, diz: "Se eu, Senhor e Mestre, vos lavei os pés, vós deveis também lavar os pés uns dos outros".

Ele não apenas falava sobre humildade, Ele demonstrava.

Sua autoridade nascia do exemplo, não do discurso.

"UM LÍDER QUE NÃO SERVE, NUNCA SERÁ SEGUIDO COM O CORAÇÃO."

**Reflita e responda:**

1. O que você cobra dos outros é algo que pratica com excelência?

.................................................................................................

.................................................................................................

.................................................................................................

2. Se perdesse seu cargo hoje, sua influência continuaria?

## 6. Jesus valorizava relacionamento acima da performance

Enquanto Marta estava ocupada com os afazeres, Maria escolheu apenas estar aos pés de Jesus.

Ele disse: "Maria escolheu a boa parte, e esta não lhe será tirada" (Lucas 10:42).

Jesus nos ensina que antes de fazer é preciso ser. Que antes de agir é preciso ouvir.

Relacionamento sem presença é ativismo.

Liderança sem escuta é arrogância.

"LÍDERES QUE COLOCAM RESULTADOS ACIMA DE PESSOAS SEMPRE ACABAM SOZINHOS."

**Reflita e responda:**

1. Você conhece o nome, a história e os sonhos das pessoas que lidera?

2. Você está formando máquinas de resultado ou pessoas com senso de propósito?

.......................................................................................................

.......................................................................................................

.......................................................................................................

## 7. Jesus formava sucessores, não dependentes

Jesus não formou uma plateia de admiradores.

Ele formou discípulos que continuaram sua missão.

Investiu tempo, corrigiu, capacitou e, ao final, confiou neles a continuidade da obra: "Ide por todo o mundo e pregai o Evangelho a toda criatura" (Marcos 16:15).

Ele não centralizou. Ele compartilhou.

Liderança que não forma sucessores está condenada ao esgotamento.

**"O MAIOR LEGADO DE UM LÍDER NÃO É O QUE ELE CONQUISTA, MAS QUEM ELE FORMA."**

**Reflita e responda:**

1. Seus liderados têm autonomia ou estão sempre esperando que você decida tudo?

.......................................................................................................

.......................................................................................................

.......................................................................................................

**2.** Se você saísse hoje, a missão continuaria melhor, igual ou desmoronaria?

O extraordinário na liderança de Jesus estava no básico.

A liderança de Jesus era simples, mas jamais superficial.

Ele não liderava para controlar. Ele liderava para libertar. Ele não buscava glória pessoal. Ele buscava transformar vidas.

Cada passo que Ele dava deixava um rastro de propósito.

Cada gesto que Ele fazia carregava verdade.

Cada palavra que Ele liberava construía destino.

Jesus não liderava para ser admirado, Ele liderava para levantar os outros.

Que o exemplo de Jesus nos inspire a voltar ao básico:

- Amar as pessoas.
- Servir com alegria.
- Corrigir com verdade e compaixão.
- Ouvir com atenção.
- Ensinar com clareza.
- Liderar com coerência.
- Formar pessoas que caminharão além de nós.

Para não restar dúvida, entenda o que a frase acima quer dizer.

**"LIDERAR COMO JESUS É ESCOLHER FAZER DO SIMPLES A BASE DO ETERNO."**

É abandonar a necessidade de reconhecimento para assumir a responsabilidade de formar vidas.

É preferir lavar os pés em vez de disputar o lugar de destaque.

É se alegrar mais com a transformação de alguém do que com o próprio aplauso.

Liderar como Jesus é entender que liderança não é controlar pessoas, mas conduzi-las com amor, firmeza e verdade para um destino maior.

É estar presente nos detalhes, ser intencional nas conversas, coerente nas atitudes e sensível ao tempo de cada um.

**"JESUS NÃO TINHA PRESSA, MAS TINHA PROPÓSITO."**

Ele não atropelava processos, Ele respeitava jornadas.

E mesmo sendo o Filho de Deus, não se colocou acima das pessoas, Ele se fez servo.

A liderança que permanece não é a que constrói palcos, mas a que sustenta pessoas.

Não é a que impressiona com performance, mas a que transforma com presença.

E o que sustenta essa liderança?

O básico.

- Ouvir com atenção.
- Servir com alegria.
- Corrigir com amor.
- Ensinar com simplicidade.
- Agir com coerência.
- Amar com verdade.

Os grandes líderes são aqueles que dominam os fundamentos e não se envergonham de recomeçar quantas vezes for necessário, pois sabem que a construção do extraordinário está na prática do essencial.

Não se trata de quantas pessoas estão seguindo você, mas de quantas estão sendo formadas por causa da sua liderança.

Não importa quantos o aplaudem, mas quantos confiam em você o suficiente para serem corrigidos.

Não se trata da visibilidade que você tem, mas da influência que você deixa.

Por isso, se você deseja ser um líder de verdade – seja no lar, na empresa, na igreja ou na vida –, volte para o básico.

E lembre-se: "Toda grande liderança começa com alguém disposto a fazer bem o que quase todo mundo despreza".

Jesus fez isso. E por isso, até hoje, Ele é considerado o melhor líder que já passou nesta Terra.

Você não precisa de mais títulos.

Precisa de mais verdade.

Precisa de mais presença.

Precisa de mais gente ao seu redor sendo edificada por quem você é.

Esse é o segredo!

Agora acho que você entendeu por que precisava ler este capítulo, mesmo não se considerando um líder.

Vejo você no próximo capítulo.

**"PORQUE, NO FIM DAS CONTAS, LIDERAR BEM É AMAR COM VERDADE, E QUEM AMA DE VERDADE NATURALMENTE CONDUZ, INSPIRA E TRANSFORMA."**

CAPÍTULO 6

# COMUNICAÇÃO BÁSICA EFETIVA

## O PODER DO BÁSICO NA COMUNICAÇÃO

Comunicação é um tema profundamente discutido em treinamentos empresariais, palestras motivacionais, escolas e até mesmo em relacionamentos pessoais. Contudo, apesar de ser um assunto amplamente abordado, poucos compreendem que a verdadeira excelência na comunicação está exatamente no básico, na simplicidade com que transmitimos mensagens.

Esse, inclusive, é um dos pontos com os quais eu mais me preocupo em relação aos meus alunos e seguidores: minha comunicação precisa ser simples e de fácil aplicabilidade.

Costumo dizer que meu primeiro livro, *O poder do recomeço*, foi escrito especialmente para pessoas que não gostam de ler, justamente porque minha preocupação era manter uma linguagem de fácil compreensão e aplicabilidade prática. E por incrível que pareça, recebo testemunhos de pessoas que têm o hábito da leitura, mas também recebo de pessoas que dizem que tinham dificuldade em ler um livro, porém, esse elas conseguiram ler até o final e, principalmente, aplicar o que aprenderam.

Na minha visão, uma boa comunicação não é falar bonito ou utilizar palavras difíceis, que as pessoas não entendem, mas, sim, ser claro e efetivo naquilo que queremos transmitir.

Mais adiante falarei especificamente sobre esses dois tipos de comunicação, mas antes preciso deixar claro algo essencial: comunicação não é somente aquilo que eu falo, mas também aquilo que o outro entende. Partindo desse princípio, a responsabilidade pela clareza na comunicação é minha, e não da outra pessoa.

Por isso, entendo que quanto mais claro e didático eu for, mais as pessoas vão realmente entender o que estou falando e, consequentemente, conseguirão colocar em prática aquilo que ensino em meus livros, mentorias, treinamentos, palestras e especialmente nas minhas ministrações da palavra.

Uma grande referência que tenho é Jesus. Você pode até me questionar sobre as parábolas e histórias que Ele contava, alegando que nem todos as compreendiam facilmente. Porém, no meu entendimento, justamente aqui está o segredo: Jesus adaptava sua comunicação ao ambiente e à necessidade das pessoas que O ouviam.

Quando Ele estava em um ambiente onde as pessoas precisavam de uma linguagem mais simples e direta, era exatamente assim que Ele se comunicava – de maneira prática, acessível e objetiva. Jesus utilizava parábolas, histórias cotidianas e exemplos básicos como sementes, pescadores, ovelhas e situações comuns da vida diária.

Suas narrativas aparentemente simples se transformaram em ensinamentos profundos e poderosos, capazes de transformar corações e impactar gerações até os dias de hoje.

Um exemplo básico e acessível torna uma ideia poderosa, clara e inesquecível. Isso é uma comunicação eficaz!

Um ótimo exemplo disso acontece quando Jesus é confrontado por uma multidão pronta para apedrejar uma mulher que havia cometido adultério. Diante daquela situação complicada e cheia de tensão, Jesus se aproxima silenciosamente. Enquanto todos aguardavam uma reação, prontos para cumprir a lei, Ele simplesmente se agacha e começa a escrever algo no chão. Após algum tempo, Jesus se levanta e diz com muita clareza e objetividade:

> "Aquele que dentre vós estiver sem pecado
> seja o primeiro que lhe atire pedra." (João 8:7)

A Bíblia relata que, imediatamente após essas palavras, começando pelos mais velhos, cada um largou sua pedra e saiu daquele lugar. Ao ver a multidão dispersa, Jesus então se dirigiu à mulher e perguntou com simplicidade e profundidade: "Mulher, onde estão aqueles teus acusadores? Ninguém te condenou?". E ela respondeu: "Ninguém, Senhor". Jesus então lhe disse:

> "Nem eu também te condeno;
> vai-te, e não peques mais." (João 8:10-11)

Perceba que apenas uma frase de Jesus fez com que todas aquelas pessoas refletissem profundamente sobre si mesmas, percebendo que não eram dignas de condenar aquela mulher. Uma única pergunta despertou na mulher a consciência de uma nova oportunidade, e também estabeleceu um direcionamento claro para sua vida: "não peques mais".

Em outras palavras, Jesus foi extremamente assertivo, simples e objetivo em sua comunicação, gerando clareza e entendimento pleno nas pessoas. Porém, é importante destacar que, em determinados contextos, especialmente quando usava parábolas, nem sempre sua mensagem era compreendida por todos imediatamente.

Um exemplo claro está em Mateus 13:10-13: "E, acercando-se dele os discípulos, disseram-lhe: 'Por que lhes falas por parábolas?'. Ele, respondendo, disse-lhes: 'Porque a vós é dado conhecer os mistérios do Reino dos céus, mas a eles não lhes é dado; porque aquele que tem se dará, e terá em abundância; mas aquele que não tem, até aquilo que tem lhe será tirado. Por isso lhes falo por parábolas; porque eles, vendo, não veem; e ouvindo, não ouvem, nem compreendem'".

Repare que o texto acima já exige um entendimento mais profundo e, muitas vezes, até mesmo um discernimento do Espírito Santo, dada a profundidade do que foi revelado por Jesus naquele momento diante dos discípulos. A comunicação de Jesus não era apenas transmitir informações, mas tocar o coração das pessoas e levá-las a uma transformação real de vida.

"COMUNICAÇÃO NÃO É APENAS DIZER ALGO, MAS GARANTIR QUE O OUTRO COMPREENDA E SEJA TRANSFORMADO POR AQUILO QUE FOI DITO."

Isso nos ensina algo fundamental, e, para que aconteça, **precisamos conhecer bem nosso público e suas necessidades**.

## A importância de conhecer seu público

Assim como Jesus sabia exatamente como falar com cada grupo, também precisamos aprender a **ajustar nossa comunicação** de acordo com quem estamos falando. Afinal, **de nada adianta termos um grande conhecimento sobre um assunto se a forma como nos expressamos não permite que os outros absorvam a mensagem**.

Pense no seguinte exemplo: imagine um **professor universitário ensinando para alunos do ensino primário** utilizando termos extremamente técnicos, uma linguagem rebuscada e conceitos complexos. O que você acha que aconteceria com essa turma?

Mesmo que esse professor tenha domínio absoluto do conteúdo, **sua comunicação não será eficaz**. Ele está cometendo um erro básico: **não adaptar sua linguagem ao nível de entendimento dos alunos**. Como consequência, os estudantes ficarão confusos e não conseguirão acompanhar a explicação, tornando a aula improdutiva.

Aqui está um fato curioso: **você faz isso no seu dia a dia sem perceber**. Muitas vezes, **você não se prepara para os ambientes**

**que vai acessar** e, principalmente, **não se preocupa com a forma como se comunica nas conversas que terá com as pessoas**. Você simplesmente fala, **acreditando que está sendo claro e objetivo**. Mas a verdade é que, na maioria das vezes, **você não está!**

Poucas pessoas realmente se preocupam em avaliar se a **linguagem utilizada em determinados ambientes** é a mais adequada para o público que está ouvindo. Esse descuido pode comprometer significativamente a qualidade da comunicação.

E quando você percebe que sua comunicação não foi clara, faz aquela **famosa pergunta** que lhe tira toda a responsabilidade e a joga para os outros: **"Vocês entenderam?".**

E a resposta é **sempre a mesma: "Sim".**

O que você faz nesse momento? **Nada.**

Afinal, quando todos dizem "sim", você se sente livre da responsabilidade, certo? Mas o que você **não percebe** é que esse pequeno hábito pode levá-lo a **sérios problemas**, pois **a ausência de clareza na comunicação gera consequências que, no final, podem afetá-lo diretamente**. Entre os prejuízos estão:

- **Conflitos desnecessários** – porque as pessoas entendem coisas diferentes do que foi dito.
- **Retrabalho** – porque a tarefa não foi bem compreendida e precisa ser refeita.
- **Baixa produtividade** – porque a falta de clareza gera insegurança e perda de tempo.

- **Sensação de que as pessoas não se importam em fazer as coisas direito** – quando, na verdade, a culpa pode estar na forma como você comunicou.

Aqui está uma verdade inquestionável: **é impossível executar bem o que precisa ser feito sem uma comunicação clara e eficiente**.

Se você realmente quer aprimorar sua comunicação e evitar esses problemas, **a partir de hoje mude a forma como você verifica o entendimento do que foi dito**. Em vez de apenas perguntar **"Vocês entenderam?"**, adicione uma **segunda pergunta essencial**:

1. Primeira pergunta (a que você já faz): "Vocês entenderam?".
2. Segunda pergunta (a que realmente importa): "O que vocês entenderam?".

Essa segunda pergunta **é poderosa**, porque **revela exatamente como a sua mensagem foi interpretada**.

Mas prepare-se: **a resposta pode surpreendê-lo e até deixá-lo frustrado no começo**. Você pode perceber que, mesmo achando que explicou tudo corretamente, as pessoas entenderam algo completamente diferente do que você queria transmitir.

E aqui está a chave: **não fique irritado com elas.**

Se a resposta delas não condiz com o que você queria comunicar, isso significa que **você não foi claro o suficiente. A responsabilidade da comunicação continua sendo sua, e não delas.**

Como já mencionado, a comunicação eficaz **não tem a ver com o que você fala, mas com o que o outro compreende**.

A partir de agora, comprometa-se a ajustar sua comunicação até que ela seja realmente **efetiva**. Perguntar **"O que vocês entenderam?"** dará a você um ***feedback* imediato** e permitirá corrigir eventuais falhas na explicação **antes que o erro aconteça**. Essa simples mudança pode **eliminar conflitos, evitar retrabalho e aumentar a produtividade**.

Se você começar a aplicar essa prática hoje, verá uma grande transformação na forma como se comunica e, principalmente, **no impacto que sua comunicação gera nas pessoas**.

## O poder da simplicidade na comunicação

Para concluir essa reflexão, podemos dizer que **a comunicação eficaz não está na complexidade, mas na clareza**. A grandeza de um comunicador não está em sua capacidade de usar palavras difíceis, mas, sim, na sua habilidade de fazer com que qualquer pessoa entenda e aplique a mensagem transmitida.

"O COMPLEXO IMPRESSIONA, MAS O SIMPLES TRANSFORMA."

É por isso que Jesus era o maior comunicador da história. Ele **conhecia seu público, usava histórias simples, se adaptava à necessidade de cada um** e **tornava conceitos profundos acessíveis**.

Afinal, **de que adianta falarmos muito se ninguém consegue entender?**

Pense comigo: quantas vezes você já esteve em situações em que alguém usou palavras difíceis, termos técnicos ou simplesmente uma forma muito rebuscada de falar e isso gerou mais confusão do que entendimento? O básico não é algo inferior, pelo contrário, é uma habilidade poderosa, subestimada por muitos.

"COMUNICAR NÃO É IMPRESSIONAR, É SE FAZER ENTENDER."

A simplicidade carrega uma força incrível, pois facilita a compreensão e gera conexão imediata. Grandes líderes e comunicadores históricos sempre tiveram algo em comum: dominavam o básico.

Por isso, aprenda a dominar a comunicação básica se você quer crescer a avançar; esse é um dos pré-requisitos.

## A importância da comunicação básica no dia a dia

Imagine que você precisa orientar um funcionário na sua empresa. Se usar uma linguagem rebuscada, o risco de não ser compreendido é muito grande. Esse é um dos principais motivos pelos quais os líderes passam o dia sobrecarregados de tarefas e principalmente refazendo o trabalho que alguém fez, mas não da maneira correta. Agora, se você utilizar palavras simples e claras, seu colaborador não apenas compreenderá, mas também terá mais segurança para executar o que foi pedido.

"SIMPLICIDADE GERA SEGURANÇA, CLAREZA GERA CONFIANÇA."

## O PODER DO BÁSICO NA COMUNICAÇÃO FAMILIAR

No ambiente familiar, o mesmo princípio se aplica: **quantas discussões e mal-entendidos poderiam ser evitados se as pessoas simplesmente optassem pelo básico?**

Muitas vezes, gestos simples, como um **"me desculpe"**, **"você está bem?"** ou **"eu entendo você"** são mais poderosos do que qualquer discurso elaborado. Pequenas palavras, ditas no momento certo, têm o poder de curar feridas emocionais, evitar conflitos desnecessários e fortalecer os laços entre pais, filhos, cônjuges e irmãos.

Eu me lembro de um episódio que vivi com meu pai há muitos anos. Hoje consigo rir dessa história, mas, na época, foi um dos momentos mais difíceis da minha infância.

## Uma lição sobre comunicação e expectativa

Desde pequeno, sempre fui fascinado por carros. Meu pai, na época, tinha um Monza 86 marrom-metálico; um carro bonito, com rodas esportivas e sempre impecavelmente limpo. Ele tinha um enorme zelo por aquele carro, e eu, por admirá-lo tanto, também nutria certo orgulho em cuidar dele.

Naquela época, uma das formas que eu tinha para ganhar dinheiro vinha justamente da lavagem do carro. Todo final de semana, meu pai me dava R$ 14 para lavá-lo, e esse dinheiro era suficiente para eu passar a semana.

Além disso, ele também me pagava R$ 10 para engraxar seus sapatos, pois essa foi a forma que encontrou para me ensinar sobre trabalho e recompensa. Eu nunca tive mesada, mas desde cedo aprendi que, **se quisesse dinheiro, precisaria trabalhar para conquistá-lo**.

Esse ensinamento teve um grande impacto no meu relacionamento com o dinheiro – mas esse é um assunto para outro momento.

Naquele dia, meu pai chegou do trabalho e me deu uma instrução simples: "Cleiton, vai lá no carro, abre o capô e completa a água".

Na minha cabeça, aquilo era uma honra! Meu pai estava me confiando algo importante, e, para mim, era a oportunidade perfeita para mostrar que eu sabia cuidar do carro tão bem quanto ele. Sem pensar duas vezes, fui imediatamente cumprir a ordem.

Peguei a primeira jarra de água e despejei. Depois, mais uma. Em seguida, a terceira, a quarta, a quinta...

Quando cheguei na sexta jarra, algo me incomodou e resolvi perguntar: "Pai, vai tanta água assim mesmo?".

Naquele momento, ele já tinha percebido que algo estava errado. Com um tom de voz mais alto e preocupado, perguntou: "Cleiton, onde você está colocando essa água?".

Eu respondi, ainda achando que estava fazendo tudo certo: "Onde você mandou, só tirei a tampa e já coloquei seis jarras!".

O que aconteceu em seguida pareceu o fim do mundo para mim. "CLEITON! Você não colocou água onde vai o óleo do motor, né?"

O problema é que **sim, eu tinha colocado.**

Mas como eu ia adivinhar?

A questão aqui é que toda comunicação malfeita traz grandes impactos, além de conflitos e até mesmos prejuízos financeiros e feridas emocionais.

Hoje consigo rir da situação, mas, na época, foi devastador.

Como alguém poderia ser tão desligado a ponto de não perceber que a tampa do óleo era diferente da tampa do reservatório de água do para-brisas?

Pois é. Meu pai apenas pediu para eu "completar a água", e, na empolgação do momento, **eu não perguntei, não tirei dúvidas, apenas fiz o que achava que era correto.**

Este foi o meu erro: **agir sem confirmar a informação.**

Aliás, percebi que cometi esse mesmo erro por diversas vezes na vida; em momentos de certeza eu fazia as coisas sem perguntar ou tirar dúvidas, e era justamente nesses momentos que eu errava.

"Mas, Cleiton, o seu pai também cometeu um erro." Concordo. Porque ele achou que a instrução estava clara o suficiente para mim, porém não estava!

O final da história foi ele chamando o vizinho para ajudar. Como o carro não foi ligado, no dia seguinte, bastou remover a água misturada ao óleo do motor e substituir por óleo novo. No fim das contas, o problema mecânico foi resolvido facilmente, mas **o impacto emocional que isso provocou em mim foi muito grande**.

A grande questão não foi o erro em si, mas **o que esse erro gerou em mim emocionalmente**.

Naquele dia, um sentimento muito forte me dominou: **a sensação de que eu nunca fazia nada certo**.

Eu já carregava dentro de mim uma necessidade profunda de aceitação do meu pai. Esse episódio apenas reforçou a crença de que, **por mais que eu tentasse, nunca conseguiria agradá-lo**.

Eu me lembro de sair dali **transtornado**. Não queria que ninguém me visse naquele estado. Então, **corri para debaixo da minha cama para chorar escondido**.

Hoje me lembro de algo curioso sobre aquele momento: **eu chorei em posição fetal**. Esse detalhe pode parecer insignificante, mas diz muito sobre o que eu sentia. Naquele instante, tudo o que eu queria era que aquilo **não estivesse acontecendo**.

Em outras palavras, uma comunicação ruim pode trazer conflitos que abrem feridas emocionais ou até mesmo causam traumas, afastando pessoas que se amam e impedindo-as de se relacionarem como realmente deveriam.

Claro que, mesmo essa situação tendo provocado um impacto emocional grande em mim, quando passei a entender sobre gestão emocional consegui ressignificar essa cena, mas e as pessoas que não conseguem ressignificar?

Um erro de comunicação vai além do que podemos imaginar.

## O que podemos aprender com essa história?

Essa experiência me ensinou algo muito poderoso sobre **o impacto da comunicação dentro da família**.

1. Pequenos erros de comunicação podem gerar grandes impactos emocionais.

O problema não foi a água no motor, mas **a forma como eu me senti com aquilo**.

2. O básico é subestimado, mas faz toda a diferença.

Uma simples pergunta – *"O que você entendeu?"* – poderia ter evitado todo o problema.

3. A comunicação eficaz depende não apenas de quem fala, mas também de quem ouve.

Meu pai achou que sua instrução estava clara. Eu achei que sabia o que estava fazendo. **Nenhum dos dois validou essa informação.**

4. A falta de clareza pode gerar sentimentos de incapacidade e rejeição.

A maior dor não foi o erro, mas a sensação de que eu nunca fazia nada certo aos olhos do meu pai.

5. No ambiente familiar, a comunicação afeta diretamente a autoestima e as emoções.

Uma frase mal interpretada pode criar inseguranças que a pessoa carregará por anos.

Quantos conflitos familiares poderiam ser evitados se as pessoas simplesmente se preocupassem em se comunicar melhor?

Às vezes, um **"você fez um bom trabalho"**, um **"não tem problema, você se esforçou"** ou um **"eu te entendo"** são mais valiosos do que qualquer discurso.

Essa história me ensinou que **não basta falar, é preciso garantir que a outra pessoa realmente compreendeu**. E, acima de tudo, **é preciso lembrar que a forma como falamos pode marcar alguém para sempre** – de maneira positiva ou negativa.

## PONTOS POSITIVOS DA COMUNICAÇÃO BÁSICA

A comunicação simples e objetiva traz benefícios inegáveis para o dia a dia. Aqui estão alguns deles:

### 1. Clareza: facilita o entendimento imediato

Quando nos comunicamos de forma clara, eliminamos dúvidas e garantimos que a mensagem seja compreendida de primeira.

**Exemplo:** imagine que você está treinando um novo funcionário e, em vez de explicar o processo de maneira simples e direta, você dá instruções vagas ou confusas. O resultado? Erros, retrabalho e frustração. **Uma comunicação clara economiza tempo e evita desgastes desnecessários.**

### 2. Conexão: gera empatia e proximidade

A simplicidade na comunicação aproxima as pessoas. Quando falamos de forma acessível, sem rodeios ou complexidades desnecessárias, criamos um ambiente de confiança e conexão.

**Exemplo:** um líder que conversa com sua equipe usando termos técnicos excessivos pode passar a impressão de superioridade, afastando os colaboradores. Já um líder que usa uma linguagem clara e direta consegue motivar e engajar seu time com muito mais facilidade.

### 3. Eficiência: reduz retrabalhos e erros

Quanto mais objetiva for a comunicação, menor a chance de mal-entendidos que possam gerar retrabalhos, perda de tempo e frustrações.

**Exemplo:** em uma reunião, um gestor pode dar um direcionamento complexo e vago, levando sua equipe a interpretar de formas diferentes o que deve ser feito. O resultado? Trabalho perdido e prazos estourados. **Uma comunicação eficiente evita desperdício de tempo e energia.**

### 4. Segurança emocional: as pessoas compreendem o que se espera delas

Quando alguém sabe exatamente o que precisa fazer e qual é a expectativa sobre sua performance, a insegurança diminui e a confiança aumenta.

**Exemplo:** uma criança que recebe orientações confusas dos pais pode crescer se sentindo incapaz ou ansiosa, por medo de errar. Isso vale para funcionários que não sabem exatamente qual é seu papel dentro da empresa. **Comunicar com clareza gera segurança e pertencimento.**

### 5. Acessibilidade: qualquer pessoa pode compreender sua mensagem

Quando nos comunicamos de forma simples, eliminamos barreiras e garantimos que **qualquer pessoa**, independentemente do seu nível de conhecimento, compreenda a mensagem.

**Exemplo:** um médico que explica um diagnóstico de maneira técnica pode assustar o paciente. Já um médico que usa uma linguagem acessível faz com que o paciente entenda o que está acontecendo e como deve proceder. **A acessibilidade na comunicação transforma vidas.**

"A SIMPLICIDADE NÃO É FALTA DE CONTEÚDO, MAS, SIM, A HABILIDADE DE TRANSMITIR A MENSAGEM DE FORMA COMPREENSÍVEL PARA QUALQUER PESSOA."

## OS PERIGOS DE IGNORAR O BÁSICO NA COMUNICAÇÃO

Comunicar-se de forma rebuscada, vaga ou confusa pode trazer consequências negativas em diversas áreas da vida. Aqui estão alguns dos problemas mais comuns que surgem quando ignoramos a simplicidade na comunicação:

### 1. Mal-entendidos: geram conflitos desnecessários

Uma comunicação malfeita pode levar a brigas, desentendimentos e decisões erradas.

**Exemplo:** em um casamento, um cônjuge pode dizer algo com uma intenção, mas o outro interpretar de forma completamente diferente. O resultado? Discussões que poderiam ser evitadas com uma comunicação mais clara e objetiva.

## 2. Distanciamento: causa sensação de superioridade ou arrogância

Quando alguém usa palavras difíceis ou expressões complicadas, pode criar um distanciamento dos demais.

**Exemplo:** um professor universitário que usa uma linguagem altamente técnica sem adaptar sua explicação pode fazer com que seus alunos se sintam incapazes ou desmotivados. **O verdadeiro sábio é aquele que ensina de forma que todos possam entender.**

## 3. Desengajamento: pessoas param de ouvir por não compreenderem

Se a comunicação não for clara e interessante, rapidamente as pessoas perdem o interesse e deixam de ouvir.

**Exemplo:** um palestrante que usa termos técnicos e conceitos difíceis perde a atenção do público rapidamente. Já um palestrante que usa uma linguagem envolvente e exemplos práticos mantém a plateia conectada do início ao fim.

## 4. Insegurança: gera dúvidas e medos

Quando a mensagem não é clara, as pessoas ficam com medo de errar ou de tomar decisões equivocadas.

**Exemplo:** um líder que dá instruções vagas para sua equipe pode gerar ansiedade nos colaboradores, pois eles não sabem exatamente o que fazer. **A falta de clareza gera insegurança e paralisação.**

### 5. Improdutividade: dificulta ações efetivas

Se a comunicação é falha, a execução também será. Isso impacta diretamente a produtividade e os resultados.

**Exemplo:** um gerente que dá ordens confusas faz com que a equipe tenha que refazer o trabalho diversas vezes. **Uma comunicação ineficaz custa tempo e dinheiro.**

## CONCLUSÃO: O BÁSICO É PODEROSO

Se tem algo que devemos aprender sobre comunicação é que **o básico bem feito é extremamente poderoso**.

**A comunicação eficaz não se mede pelo quanto falamos, mas pelo quanto o outro compreende.**

**Simplicidade não é falta de profundidade, é clareza.**

**O verdadeiro líder, professor ou mentor não é aquele que impressiona, mas, sim, aquele que transforma.**

Se você deseja ter mais influência, ser mais respeitado e gerar mais impacto, comece **aprendendo a se comunicar de forma clara e objetiva**. Afinal, **de que adianta falar muito se ninguém entende o que você diz?**

Que possamos, a partir de hoje, **valorizar a simplicidade na comunicação** e colher os frutos positivos que ela nos proporciona!

Na ciência, estudos sobre a comunicação humana destacam que **quanto mais clara e direta for a mensagem, mais eficaz**

**ela será**. Segundo **Dale Carnegie**, especialista em comunicação interpessoal, **"a comunicação eficaz é sempre simples"**.

"A simplicidade é o nível mais alto da sofisticação." (Leonardo da Vinci)

Agora, reflita sobre sua comunicação atual e responda a esta pergunta simples: "Você está se comunicando para impressionar ou para ser compreendido?".

Lembre-se sempre: **a comunicação poderosa é aquela que atinge o coração, desperta emoções e gera ações positivas**.

**Não subestime o poder do básico!**

Ele transforma realidades, potencializa resultados e fortalece relacionamentos.

"DOMINAR O BÁSICO É SER CAPAZ DE SE CONECTAR COM QUALQUER PESSOA, EM QUALQUER SITUAÇÃO."

Use **a comunicação simples e clara** como sua maior aliada para construir **uma vida, uma empresa e relacionamentos mais sólidos e saudáveis**.

E nunca se esqueça:

No básico está a essência do extraordinário.

CAPÍTULO 7

# O BÁSICO NO RELACIONAMENTO COM DEUS

A espiritualidade autêntica não se revela apenas nos grandes milagres ou nas experiências místicas raras.

Ela se manifesta, principalmente, nos gestos simples e constantes, nas decisões silenciosas do dia a dia e em um coração sincero diante de Deus.

A grande verdade é que, muitas vezes, complicamos o que é simples.

Buscamos fórmulas espirituais complexas, rituais elaborados ou um conhecimento teológico profundo, acreditando que assim estaremos mais próximos de Deus.

Mas a Palavra é clara:

> "Bem-aventurados os humildes de espírito, porque deles é o Reino dos Céus." (Mateus 5:3)

Jesus nos ensinou, por palavras e exemplos, que o Reino pertence aos simples.

Ele nunca exigiu perfeição, mas, sim, corações quebrantados e disponíveis.

A fé que move o céu não precisa de holofotes. Ela precisa de verdade.

**"ESPIRITUALIDADE DE VERDADE NÃO É BARULHO. É ENTREGA."**

Preciso confessar algo que já compartilhei em outro livro meu, *O poder do recomeço*:

Demorei a me converter porque algumas coisas simplesmente não faziam sentido.

Eu não conseguia entender como alguém podia frequentar a igreja aos domingos e, na segunda-feira, mentir, agir com desonestidade ou pegar dinheiro emprestado sem pagar.

Na minha cabeça, se era para viver assim, então eu preferia nem ir.

Hoje tenho ciência de que não estava correto em pensar dessa maneira.

Acreditava que, sendo pecador, ir à igreja daquela forma só complicaria ainda mais a minha situação diante de Deus no dia do juízo.

Mesmo assim, eu tinha o meu relacionamento com Deus. Eu falava com Ele, e Ele sempre me respondia. Na minha cabeça, eu ia à igreja quando as coisas realmente estavam bem complicadas. Era como se eu fosse falar com Deus direto na casa d'Ele! Era assim que eu pensava.

Não conhecia Jesus, mas falava com Deus.

Orava todas as noites, especialmente nos momentos difíceis, e sempre agradecia quando via Sua mão agindo na minha vida.

Mas não lia a Bíblia, nem frequentava cultos.

E sabe por quê? Porque eu não entendia nada do que lia. Eu buscava entender, mas era muito difícil.

Sempre tive interesse na Bíblia, mas parecia inacessível.

Por isso, sempre que alguém contava uma história da Bíblia, eu gostava de ouvir. Principalmente quando falavam das parábolas de Jesus. Mas isso era raro, porque aqui vem outra confissão: eu não gostava de crente!

Com o tempo, entendi que o problema não eram os cristãos verdadeiros, mas os religiosos.

Aqueles que julgam, condenam e impõem regras que Deus nunca impôs.

A religião, em muitos casos, fere mais do que cura.

E, em vez de aproximar as pessoas de Deus, as empurra para longe.

No livro de Mateus, tem um versículo interessante em que fica claro Jesus falando sobre os religiosos:

> "Este povo me honra com os lábios, mas o seu coração está longe de mim." (Mateus 15:8)

Em uma viagem a Israel, enquanto servia na equipe do Tiago Brunet, ouvi algo que me marcou profundamente. Ele perguntou: "Quem é Jesus para você?".

A forma como essa pergunta foi feita mexeu comigo.

Ele continuou explicando que muitas pessoas conhecem Jesus apenas conforme Ele foi apresentado a elas.

- Alguns o veem como o Filho de Deus que morreu na cruz pelos pecados da humanidade.
- Outros foram ensinados que Jesus é severo, e que se você não seguir tudo à risca, irá para o inferno.
- Outros, ainda, conhecem um Jesus que perdoa, acolhe e transforma com amor e graça.

O ponto é que a forma como Jesus foi apresentado a você influencia diretamente o relacionamento que você constrói com Ele.

No meu caso, eu conhecia Jesus de ouvir falar. Sabia que Ele tinha morrido na cruz, mas, para mim, aquilo não bastava. Porque eu não tinha o entendimento de quem realmente Ele era e, principalmente, o amor que Ele carrega e tem por mim.

Pensava assim: "Se Ele morreu pelos meus pecados, isso não significa que eu já estou perdoado. Isso parece fácil demais. É só errar e dizer que Jesus já pagou a conta?".

Isso não fazia sentido para mim.

Acreditava que cada erro gerava uma consequência imediata, inclusive espiritual.

Eu ainda não entendia sobre graça. Não conhecia a lei da semeadura, que ensina que colhemos aquilo que plantamos (Gálatas 6:7), mas que Deus também derrama misericórdia sobre quem se arrepende de verdade.

Até que chegou o dia em que tive uma verdadeira experiência com Jesus.

E o mais impactante foi perceber que Ele já me amava antes mesmo de eu entender quem Ele era.

Um amor incondicional. Sem interesse. Sem cobrança. Sem julgamento.

> "Eis que estou à porta e bato. Se alguém ouvir a minha voz e abrir a porta, entrarei em sua casa, e cearei com ele, e ele comigo." (Apocalipse 3:20)

Esse versículo saltou aos meus olhos como nunca antes.

Jesus não força, Ele espera.

Ele bate. Ele chama. Ele se disponibiliza.

Ele é gentil, mas firme. Amoroso, mas verdadeiro.

Quando entendi isso, minha vida começou a mudar.

Descobri que Jesus não entra empurrando; Ele entra quando é convidado.

Ele transforma sem gritar.

Ele cura sem alarde.

Ele nos ama mesmo quando ainda estamos perdidos.

**"O AMOR DE DEUS NÃO SE BASEIA NO QUE VOCÊ FAZ, MAS NO QUE ELE JÁ FEZ."**

Por que estou contando tudo isso a você? Porque talvez você já tenha ouvido falar de Deus.

Talvez já tenha lido alguns versículos. Talvez até já tenha tido experiências com Ele.

Mas ainda não entendeu o poder do básico na espiritualidade.

Ter uma vida com Deus não é complicado. É essencial.

E é justamente isso que quero lhe mostrar neste capítulo final: se você deseja uma vida extraordinária, precisa escolher viver o básico da fé.

E viver o básico da fé significa:

- Buscar a Deus diariamente, não apenas nos dias de culto.
- Orar com sinceridade, não com frases decoradas.
- Ler a Palavra com o coração aberto, não como um livro de regras.
- Amar, perdoar e servir, mesmo quando ninguém vê.
- Desenvolver uma intimidade com Jesus, e não uma rotina com a religião.

"ESPIRITUALIDADE NÃO É RITUAL. É RELACIONAMENTO."

No fim, o que Deus mais quer não são suas grandes obras, mas seu coração entregue.

Ele não está esperando você ficar perfeito para se aproximar. Ele está esperando você se permitir ser amado do jeito que está.

Deus não está procurando performance. Ele está buscando proximidade.

E o que Ele espera de nós é simples: relacionamento.

Sim, relacionamento!

Mas não aquele tipo de relação baseada em troca, medo ou formalidade.

Deus quer intimidade. Verdade. Constância. Presença.

E existem algumas maneiras de se relacionar com Ele que são básicas, simples, acessíveis…

Mas que, infelizmente, muita gente negligencia.

A seguir, quero compartilhar três formas básicas de se relacionar com Deus que, quando praticadas com sinceridade, transformam qualquer vida – porque aproximam o homem do Criador e fazem a fé deixar de ser algo teórico para se tornar vivo, prático e real.

## 1. Falar com Deus – a prática simples da oração

Simples assim: orar. Conversar com Deus.

Sem fórmulas. Sem rituais. Sem palavras difíceis.

Apenas abrir o coração, como quem conversa com um pai.

> "Clama a mim, e responder-te-ei, e anunciar-te-ei coisas grandes e firmes que não sabes." (Jeremias 33:3)

A oração não leva em conta a quantidade de palavras, mas a qualidade de presença.

Você não precisa ter todas as respostas, só precisa ter disposição para se abrir.

Pode ser no carro, no banheiro, na cozinha, antes de dormir ou ao acordar.

O importante é que seja verdadeiro.

**"A ORAÇÃO É A PONTE ENTRE O CÉU E A SUA REALIDADE. QUEM CONSTRÓI ESSA PONTE DIARIAMENTE NUNCA ANDA SOZINHO."**

Muitos não oram porque acham que não sabem orar. Mas a verdade é que Deus não espera eloquência. Ele espera entrega.

Uma oração simples como "Pai, estou aqui, me ajude" pode carregar mais poder do que um discurso teológico inteiro. Porque Deus não ouve o volume da nossa voz, Ele ouve a verdade do nosso coração.

Lembro-me de uma situação marcante que vivi há muitos anos. Na época, eu havia passado por uma exposição injusta, estava sendo acusado de algo que não tinha feito.

Sempre soube assumir meus próprios erros, mas sempre tive muita dificuldade em lidar com a sensação de ser desacreditado ao dizer a verdade.

Daquele episódio, o que mais me marcou foi a dor de ser julgado sem poder me defender. Eu era diretor regional da empresa onde trabalhava, e me vi completamente vulnerável. Saí do local arrasado e fui direto para o shopping de uma das filiais que eu supervisionava. Ao chegar, ainda dentro do carro, sem saber o que fazer, desabei e comecei a chorar.

Sempre gostei de música, e mantinha pastas com estilos diferentes no carro. Naquele dia estava ouvindo a pasta que tinha louvores. Enquanto o louvor tocava, eu chorava sem entender nada do que estava acontecendo. Não era um choro controlado, mas um desabafo da alma.

Hoje, com maturidade emocional, entendo que aquele momento foi uma explosão de gatilhos antigos relacionados à exposição e à dor de ser desacreditado. Mas naquela hora, tudo o que eu queria era que aquilo não estivesse acontecendo.

Foi então que fiz uma oração e comecei a falar com Deus. Não uma oração ensaiada. Nem bonita. Nem com palavras bem construídas. Foi uma oração de dor, de angústia, em que as lágrimas falavam mais do que a minha boca. No fundo, tudo o que eu dizia era: "Deus, me ajude. Eu não aguento mais viver assim".

Naquele exato momento, tocava no carro o louvor de Fernandinho que dizia: "Uma nova história Deus tem pra mim". Na hora, confesso que não percebi. Mas hoje eu sei: Deus já estava me respondendo.

Pela música, pelas lágrimas, pela dor... Ele já estava escrevendo o recomeço.

Esse momento foi um marco. Foi a ponte para uma nova etapa da minha vida.

Inclusive, no último capítulo do livro *O poder do recomeço*, conto como Deus, por meio do recomeço correto – que é debaixo de obediência –, mudou o meu destino e o da minha família.

Mas o que não compartilhei lá, e que hoje faço questão de registrar aqui, é que tudo começou com uma oração silenciosa, cheia de dor e cheia de verdade.

Se eu puder lhe dar um conselho, é este: ore.

Mesmo que as palavras não venham. Mesmo que tudo o que você tenha sejam lágrimas. Deus entende a linguagem das lágrimas. Ele interpreta o silêncio. E Ele não resiste a um coração quebrantado.

"Perto está o Senhor dos que têm o coração quebrantado, e salva os contritos de espírito." (Salmos 34:18)

Não abra mão de se relacionar com Deus por meio da oração. Faça ao menos a oração do Pai-Nosso que Jesus nos ensinou, mas não deixe de orar.

É simples, mas é transformador. É básico, mas é eterno.

## 2. Ouvir a voz de Deus – a prática da leitura da Palavra

Deus fala, e a principal forma como Ele fala é por meio da Bíblia.

A Palavra de Deus não é um livro comum – é um manual de vida, uma carta de amor, um espelho da alma.

"Lâmpada para os meus pés é tua palavra,
e luz para o meu caminho." (Salmos 119:105)

Muita gente não lê porque diz que não entende. Outros dizem que não têm tempo. Mas o que poucos percebem é que não se trata de entender tudo, e sim de ser exposto à verdade.

A Palavra tem o poder de limpar, transformar, corrigir, levantar, exortar, fortalecer.

"QUEM NÃO SE ALIMENTA DA PALAVRA ENFRAQUECE NA FÉ."

Ler um versículo por dia com atenção já é um começo. Anotar algo que tocou seu coração já é um passo.

Deus não exige que você leia capítulos inteiros da Bíblia. Ele não está cobrando velocidade de leitura ou teologia avançada. O que Ele deseja é que você O procure com fome, sinceridade e disposição para ouvi-Lo.

Como mencionei antes, eu mesmo tive dificuldade em ler a Bíblia no início da minha jornada de fé. Eu lia, mas não entendia. As palavras estavam lá, mas o sentido parecia distante. Mesmo assim, sempre tive um interesse pelas Escrituras.

Gostava de ouvir histórias, assistir a filmes bíblicos ou mesmo ouvir alguém pregando de forma simples sobre passagens conhecidas.

Lembro-me bem de uma fase importante do meu processo de conversão.

Para tentar entender melhor a Bíblia, comecei por algo que parecia mais acessível para mim na época: busquei na Netflix e assisti a uma série chamada *A Bíblia*. Era uma versão resumida, com cenas do Antigo Testamento apresentadas de forma objetiva. Aquilo me ajudou muito.

Enquanto assistia, eu abria a Bíblia para ler as passagens que estavam sendo retratadas. A cada cena, eu buscava o texto correspondente. E assim, aos poucos, a Bíblia começou a se tornar mais compreensível para mim.

Na mesma época, estava no ar a novela *Os Dez Mandamentos*, que abordava a vida de Moisés. Aquilo também foi uma ponte, e me ajudou a visualizar a narrativa, a história por trás das palavras.

Foi assim que eu comecei. Do meu jeito. Com os recursos que eu tinha. Com a sinceridade que Deus viu.

Claro que hoje é diferente. Hoje, quando leio a Bíblia, recebo discernimento. Consigo ouvir a voz do Espírito Santo me guiando em cada versículo, me trazendo direção, correção e revelação.

Mas naquele tempo, eu ainda não tinha esse nível de entendimento espiritual. E mesmo assim, Deus falava comigo. Porque Ele honra o coração que busca, mesmo sem saber por onde começar. Quem busca com verdade sempre encontra.

> "Buscar-me-eis e me achareis, quando me buscardes de todo o vosso coração." (Jeremias 29:13)

Não espere entender tudo para começar. Comece do jeito que você conseguir. Leia um versículo. Assista a algo que lhe ensine. Pergunte a alguém que saiba mais. Mas comece.

**Deus se revela no processo. E o entendimento virá com a constância.**

"A REVELAÇÃO NÃO VEM PARA OS QUE DOMINAM A BÍBLIA, MAS PARA OS QUE SE DEIXAM SER ENSINADOS POR ELA."

## 3. Caminhar com Deus – a prática da obediência no dia a dia

Relacionamento sem prática é teoria. Dizer que ama a Deus mas não ouvir o que Ele orienta é apenas religiosidade. Relacionar-se com Deus também é obedecer àquilo que Ele já deixou claro.

> "Se me amais, guardareis os meus mandamentos." (João 14:15)

Obediência não é peso, é proteção. É como uma cerca que não aprisiona, mas que guarda o coração e direciona os passos.

"A OBEDIÊNCIA DIÁRIA A PRINCÍPIOS ETERNOS É O QUE CONSTRÓI UMA VIDA FORTE, ESTÁVEL E ABENÇOADA."

Você não precisa entender tudo para obedecer. Às vezes, é obedecendo que você vai entender.

Dar o perdão quando dói, manter a integridade quando ninguém está vendo, resistir à tentação quando seria mais fácil ceder, tudo isso é relacionamento com Deus na prática.

Essas três formas – orar, ler a Palavra e obedecer – podem ser consideradas como o básico da espiritualidade. Mas são também a base de toda transformação real.

Se você fizer isso todos os dias, mesmo que por poucos minutos, sua fé vai crescer, sua sensibilidade espiritual vai aumentar, sua paz vai se estabelecer e o seu relacionamento com Deus se tornará inabalável.

Sei que, ao ler tudo isso, você pode pensar: "Cleiton, obedecer é difícil...". E eu concordo com você.

Deus tem o hábito de pedir exatamente aquilo que não faz sentido. Às vezes, Ele pede o que a gente não quer fazer. Mas como sempre ensino nas minhas aulas e ministrações: "O que você não quer fazer, geralmente, está ligado ao seu propósito".

E o que não faz sentido agora é porque, no final, o nome d'Ele será glorificado.

Vou lhe contar algo importante da minha caminhada, para você entender, de forma prática, o que significa obedecer mesmo quando tudo dentro de você quer fazer o contrário.

Em agosto de 2022, saí do Instituto Destiny, depois de seis anos caminhando ao lado do Tiago Brunet, que, além de mentor, é como a Bíblia fala, amigo mais chegado que irmão.

Não vou entrar em detalhes agora, talvez eu compartilhe isso em outro livro, com mais profundidade. Mas posso dizer que foi uma das fases mais difíceis da minha vida.

Não porque Deus não estivesse falando, mas porque eu não queria aceitar o que Ele estava dizendo. O agir de Deus estava claro. A direção era evidente. Mas o coração... resistia. Pouco tempo depois, em setembro, marquei um treinamento chamado Evolution.

Como minha saída havia sido por meio do que chamo de "zona de expulsão", eu tinha certeza de que Deus estava me direcionando para algo novo. E como parecia ser algo d'Ele, achei que tudo já estava pronto para dar certo.

Mas aqui está uma lição que aprendi com dor: nem tudo que é certo vai acontecer de forma fácil. Nem tudo que é de Deus vem na hora que você espera.

A leitura emocional que você faz das circunstâncias pode confundir a direção espiritual que Deus está lhe dando.

Eu estava esperando cem pessoas. Vieram 25 pagantes. Mais dez abençoados. E eu fiquei sem entender nada.

"SENHOR, O SENHOR ME TIRA DE LÁ, MANDA EU FAZER ISSO... E AGORA NINGUÉM VEM?"

Foi aí que comecei a perceber que Deus não me tirou apenas de um ambiente. Ele estava me tirando de um modelo de pensamento. Porque o meu pensamento ainda era ficar escondido, eu gostava de ficar nos bastidores, por insegurança, por crenças de inferioridade, por medo de falhar na frente dos outros.

E então comecei a ouvir pessoas dizendo: "Cleiton, você precisa ter uma mentoria. Um grupo de empresários. Um MasterMind". Mas nada disso fazia sentido para mim.

Como alguém que não tinha pagado um curso mais acessível iria investir em uma mentoria de 100 mil reais por ano?

E é aqui que Deus entra com a lógica do céu: Ele não pede o que é fácil. Ele pede o que revela a sua fé. O que Ele nos pede não é lógica, é confiança.

Até que um dia um amigo me disse: "Eu tenho dez pessoas prontas para entrar na sua mentoria, se você abrir".

Conversei com a Luciana, e ela disse: "Cria, sim. Mas não conte com essas dez pessoas... elas não virão".

No início de dezembro, realizamos uma viagem de carro com um casal de amigos. Ficamos em torno de seis horas na estrada, e Deus usou muito a vida desse casal para nos dar algumas instruções, embora ainda não fizessem sentido naquele momento.

Alguns dias depois, fui à casa do Tiago Brunet para conversar com ele e pegar alguns conselhos, e lá estava também o Thiago Nigro.

De repente, o Nigro me chama e pergunta: "E você, Cleitinho, como estão os seus cursos?". E então comecei a explicar o que estava fazendo.

Durante a conversa, o Nigro me perguntou sobre o formato que eu estava fazendo. Contei sobre o treinamento, e ele me respondeu: "Você vai aumentar para três dias e triplicar o valor. Se vierem cinco, você vai ensinar para cinco. Depois virão sete, e então doze... E nesse curso, você vai abrir a sua mentoria para empresários por R$ 50 mil".

Na hora, não falei nada, mas pensei: "Ele não entendeu nada...".

Mas Deus entendeu. E mais uma vez, Ele me pediu algo que não fazia sentido.

Na manhã do dia 27 de dezembro de 2022, enquanto tomávamos café, a Luciana me disse: "Hoje temos que pagar R$ 20 mil... e não temos nada nas contas".

Olhei para ela e disse, com paz no coração: "Fica tranquila. Deus vai entrar com a providência".

Não era só minha voz falando. Era o Espírito Santo me dando paz – aquela paz que excede todo entendimento.

Eu já tinha marcado para fevereiro a Imersão Evolution e estava preparando a mentoria anual para os empresários. Comecei a desenhar a mentoria, que se chamaria Evo Club.

Quando você obedece, o céu se move.

Às 15h30 do dia 27 de dezembro, tive uma sessão de mentoria com um casal que eu acompanhava na época. Durante a chamada, Clécio me perguntou: "Como está a sua mentoria anual?".

Expliquei que estava estruturando, que ainda não era certeza. Ele colocou o vídeo no mudo, falou com a esposa, voltou e disse: "Deus mandou a gente entrar. Qual é o valor?".

Respondi que ainda não estava pronta. Mas ele insistiu: "Não importa quando você vai lançar. Deus mandou. Passa o valor e os dados. Vou pagar à vista". Cinco minutos depois, recebi o comprovante: R$ 100 mil depositados.

Na hora, ouvi a voz do Espírito Santo dizendo: "Eu só preciso que você obedeça. O resto já está pronto. Eu já separei as pessoas. Apenas confie, obedeça e seja constante".

A gente precisava de R$ 20 mil naquele dia. Deus enviou R$ 100 mil. Cinco vezes mais.

Eu me emocionei, encaminhei para a Luciana, que também se emocionou, e naquele momento foi nítido o cuidado de Deus com a nossa família.

Realizei a Imersão Evolution em fevereiro, como havia programado, e abri as vagas para o LS CLUB. Doze pessoas entraram para fazer parte do LS CLUB.

Em março, no primeiro encontro oficial do LS CLUB, uma aluna chegou até mim e disse: "Em agosto, no Método Destiny, quando você subiu ao palco, Deus falou comigo: 'É na mentoria dele que você vai entrar'".

Aquilo confirmou o que eu já sabia no espírito: Deus só pede aquilo que Ele já nos deu. Deus só pede o que não faz sentido para revelar o poder d'Ele no final. Deus não está testando sua capacidade. Ele está provando sua confiança.

Hoje, o LS CLUB cresce de forma extraordinária. E eu carrego a consciência de que esse projeto não é meu, é um chamado. É uma resposta de Deus na vida de empresários que estão despertando para algo maior.

Antes de terminar este livro, quero deixar a você duas lições básicas sobre espiritualidade:

1. Obedecer não é difícil. Difícil é confiar sem ver. Mas a obediência só exige isto: confiança.

"Sê forte e corajoso..." (Josué 1:9)

2. O maior desafio da obediência é a paciência.

Quando você se antecipa a Deus, acaba fazendo do seu jeito. E sempre que você faz do seu jeito, algo dá errado.

Abraão não teve paciência e gerou Ismael – o resultado foi que até hoje temos conflitos com os descendentes de Ismael pelo mundo.

Saul não teve paciência e perdeu o trono – o resultado foi a rejeição vinda de Deus.

Espiritualidade madura exige paciência. Porque Deus o está moldando enquanto você espera. E é no silêncio do processo que Ele constrói o que ninguém vê, para lhe entregar o que todos verão.

O extraordinário sempre nasce do básico. Mas o básico só gera frutos quando é praticado com constância, verdade e entrega.

Você não precisa fazer muito para agradar a Deus. Você só precisa andar com Ele.

- Fale com Deus todos os dias.
- Ouça a voz d'Ele com atenção.
- Obedeça mesmo quando não fizer sentido.
- Tenha paciência enquanto Ele trabalha no invisível.

Não é o quanto você faz. É o quanto você confia.

E quem confia obedece. Quem obedece prospera. E quem prospera glorifica o nome de Deus.

Nunca subestime o poder do básico. Porque é no simples que Deus revela o eterno. E é com o básico bem feito que a sua vida será transformada.

Fazer o básico não é uma opção, é uma decisão!

Que Deus continue abençoando a sua vida, que Ele lhe dê discernimento, entendimento, sabedoria e prudência para que você possa ter a clareza necessária diante das decisões importantes que precisa tomar, mas principalmente para o básico que Deus está lhe pedindo e que precisa ser feito para que você possa viver o extraordinário que Ele já preparou para você!

Que Deus o abençoe, e até o próximo livro!